KB141442

아이돌 영어 사용 설명서

1. 이 책의 편집은 작가 특유의 집필 방식을 최대한 따랐습니다.
2. 장르의 특성을 감안하여 한글맞춤법과 다른 부분이라 해도 그 표현을 살려
   작가의 의도를 따랐습니다.

아이돌 영어 사용 설명서

초판 1쇄 발행 2022년 1월 5일

지은이 장은경(Tiffany J), YODA, Lisa Park
발행인 조상현
마케팅 조정빈
편집인 경영선
디자인 Design IF
펴낸곳 더디퍼런스

등록번호 제2018-000177호
주소 경기도 고양시 덕양구 큰골길 33-170 (오금동)
문의 02-712-7927
팩스 02-6974-1237
이메일 thedibooks@naver.com
홈페이지 www.thedifference.co.kr

ISBN 979-11-6125-334-3 (13740)

• 오디션 탈락, 그것은 시작이었다 •

아이돌 영어 사용 설명서

장은경(Tiffany J),
YODA, Lisa Park 지음

현직 아이돌 영어쌤의 회화 비법 공개

더디퍼런스

"김리오 연습생 축하합니다!"

1위 합격자 발표의 순간
리오의 머릿속에는 수많은 장면이 스쳐 지나갔다.

아라와 오디션장 입구에서 부딪혔던 일,
첫 번째 오디션에서 서투른 영어로 진땀을 빼던 순간,
영어 시뮬레이션 친구 인공지능 TIFF와의 첫 만남,
도전자들과의 우정과 갈등까지….

 리오 **제가 3개월 만에 영어를 잘할 수 있게 될 줄은
제 자신도 몰랐습니다.**
**I never thought I could become
fluent in English in only three months.**

아라는 농담이가 사료를 먹는 내내
하트 가득한 눈으로 농담이를 바라보았다.
리오는 그런 아라에게서 눈을 떼지 못했다.
시선이 느껴지자 아라는 고개를 들었다.
두 눈이 마주친 순간 리오의 동공이 갈 곳을 잃고 허둥거렸다.

FROM. LEO

아무래도… 농담이가 널 좋아하는 것 같아.

근데 문제는… 나도 그런 것 같아.

The problem is… I think me too.

한편 아라는 유난히 예뻐하던 '도그쉼 보호소' 50호 강아지를 입양한
사람이 리오라는 사실을 알았을 때 겁이 났다.
처음 만났을 때부터 자꾸만 얽히던 수많은 점의 순간이
선이라는 마음으로 이어질 것 같아서….

첫 번째 오디션에서 악연으로 만났던 아라와 리오
시호의 작업실에서 다시 만난 이후
세 사람의 큐브는 맞물려 돌아갔다.

아라가 음악을 포기하려 할 때
시호가 해준 말과
영어로 좌절했을 때 리오가 해준 말은
공교롭게도 일치했다.

"처음부터 잘하는 사람이 어디 있어."

"Everyone starts somewhere!"

마침내 세 사람이 내딛은 용기 있는 걸음이 모여
'HRO 엔터테인먼트'가 탄생했다.
함께 작업한 첫 앨범이 발매되던 날
세 사람은 떨리는 마음으로 차트 앞에 섰다.

 아라 **몇 위일까?**
야… 봤어? 말도 안 돼!
Which place would you be?
Hey, did you see? No way!!

리오의 커다란 스웨터가 아라의 눈앞을 가로막았다.
따뜻한 섬유유연제 향이 코끝에 닿자
아라는 머릿속이 암전되는 것 같았다.

그때였다.
'리사쇼' 대기실 문이 열리고 시호가 들어왔다.
시호는 아라와 리오가 닿을 듯 말 듯 가까이 선 채
서로 바라보는 장면 앞에 멈춰 섰다.

세 사람 사이에 정적이 흘렀다.

'리오야 우리 좀 난감해질 것 같다….'
'Leo, This is going to get awkward.'

Prologue

"세계 최대 글로벌 음반사 'songi music' 과
국내 최고의 엔터테인먼트 '더 디퍼런스'가 공동으로 진행하는 영어 서바이벌 쇼,
'도전 K-영어 스타'
남은 자리는 1등, 단 한 자리만이 남았습니다.
마지막 합격자는…."

전 세계가 주목하는 글로벌 신인 그룹의 마지막 멤버가 확정되려는 순간,
'더 디퍼런스' 티브이 생중계를 지켜보던 시청자들도
스크린 앞으로 바짝 다가갔다.

무대 위에 선 리오는 숨을 크게 들이마셨다. 텁텁한 공기가 코끝에 느껴졌다.
리오는 천천히 눈을 감았다 떴다. 마치 시간이 멈춘 것 같았다.
깊은 생각에 잠긴 리오의 눈동자는 주변의 시선을 빨아들일 듯 강렬했고
반짝이는 검은 머리칼은 신비로운 인상을 한층 깊게 해주었다.

"합격자는…
잠시 후 공개하겠습니다."

아쉬움의 탄성이 쏟아졌다. 광고가 전파를 타는 동안 무대 위 참가자들의 입이 바짝
말랐다. 리오도 긴장되기는 마찬가지였지만 애써 마음을 다잡았다.

리오 떨어져도 괜찮아. 많이 배웠잖아.

리오의 입가에 연한 미소가 번졌다.

그순간 MC가 마지막 합격자를 공개했다.

"김.리.오 연습생. 축하합니다!"

이름이 불리자 잠시 멍해진 리오의 머릿속에 지난 3개월이 빠르게 스쳐 지나갔다.

"김리오 연습생, 영어로 소감 한 말씀 해주시죠."

 리오 I never thought I could become fluent in English
in only in three months.
This is all thanks to your support, everyone.
If I can do it, you can as well!

박수와 함성이 터져 나왔다.
유창하게 영어 수상 소감을 끝낸 리오는 영어 버퍼링으로 버벅대던 불과 몇 달 전 오디션을
떠올렸다.

Contents

Week 13 거짓 소문

억울하고 답답할 때 이 말은 꼭!

Week 14 첫 출근, 첫걸음

전화, 업무 중 매일매일 쓰는 표현

'왜 아이돌은 영어까지 잘하지?

국내파인데 언제 어디서 영어를 배운 걸까?

스케줄도 바쁠 텐데 영어가 그새 늘었네?'

　　⋮

"아이돌처럼 재미있게 영어 공부하면
여러분도 똑같이 잘할 수 있어요!"

현직 아이돌 전문 영어 선생님이 알려 주는
영어 잘하는 비법, '아이돌 영어 사용 설명서'를 지금 공개합니다.

이 책 사용 설명서

• 책의 특징 •

1 이 책은 스토리를 중심으로
'말하는 영어' 실력 향상을 추구합니다.

2 이 책은 처음부터 끝까지 '오디션 탈락, 그것은 시작이었다'
하나의 스토리로 구성되어 있습니다.

3 이 책은 스토리와 더불어 총 96개의 일일 학습으로 구성되어 있습니다.
학습 기간은 주인공 리오와 아라가 영어 공부에 집중한 시간과 비슷한
약 4달간입니다.

4 한 주는 Week로, 일일 학습은 Day로 표현했습니다.
1주 차 3일째 일일 학습은 Week 1 Day 3,
2주차 5일째 일일 학습은 Week 2 Day 5입니다.

• 학습 방법 •

1 웹소설처럼 재미있는 스토리를 먼저 읽기 쉬운 한글 대화문으로 쭉 읽어 보세요.
❺❻❽

2 일일 학습에 나오는 '오늘의 영어 표현'을 봅니다. ❶
(QR 코드 '유튜브 레슨'을 스캔하면 저자 직강을 들을 수 있습니다.) ❸

3 대화문을 다시 한번 읽으면서 '오늘의 표현'에 나온 말이 '누가, 어떤 의도를 가지고'
한 말인지 상황을 정확히 파악합니다. ❽

4 다시 한글로 쓴 '오늘의 표현'을 영어로 바꿔서 말해 봅니다. ⑤

5 대화문에 나오는 영어 표현을 공부하고 싶다면 먼저 ⑦
① 키워드에서 단어를 익히고 ④
② 한글로 쓴 대화문을 읽어 보며 '어떻게 영어로 말할지' 생각해 보거나
　직접 말해 봅니다. ⑧
③ 영어 대화문이 잘 이해되지 않으면 부록(해설 노트)을 참고해 보세요. ⑨

6 작가가 미국 현지에서 쓴 '진짜 미국식 표현이 궁금해요'를 읽으며
요새 쓰는 영어 표현도 함께 익혀 보세요. ⑩

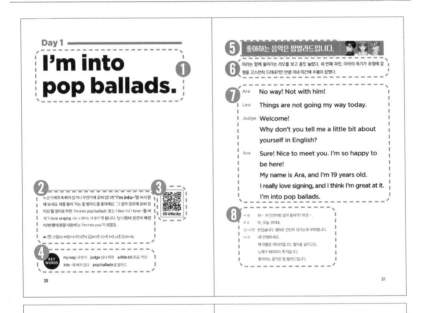

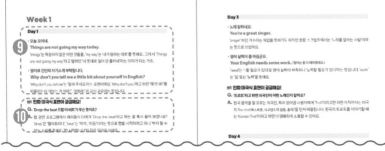

• 자주 묻는 질문 •

Q. 아이돌만 보는 영어책인가요?

A. 이 책은 영어를 잘하고 싶은 모든 한국어 원어민들을 위한 영어 회화책이에요. 물론 출간 전부터 아이돌이 수업 시간에 실제로 공부했던 콘텐츠예요.

Q. 왜 한글 대화문을 먼저 읽어야 하나요?

A. 현직 아이돌 영어 선생님과 작사가가 들려주는 진짜 음악인들의 스토리를 보며 독자들이 '재밌다', '진짜 그런가?', '공감된다' 하고 재밌게 읽었으면 좋겠어요. 그래서 끝까지 완독하고 여러 번 다독해서 처음에는 '오늘의 표현' 그 다음에는 영어 대화문도 보고 해설 노트의 '진짜 미국식 표현'도 읽으며 서서히 영어에 스며들기 바랍니다.

Q. 기존 영화 스크립트로 공부하는 것과 뭐가 다른가요?

A. 정말 재미있는 영화 한 편의 영어 스크립트와 비교했을 때 분량이 훨씬 적고 어휘와 표현의 난이도도 쉽습니다. 그래서 책 한 권을 끝내는 성취감을 맛보기 더 수월해요.
무엇보다 이 이야기의 주 배경은 한국입니다. 한국에서 일어나는 '영어를 쓸 수밖에 없는' 다양한 상황을 예상해서 대화문을 만들어서 실제로도 많이 활용할 수 있어요.

Q. 영어 대화문과 한글 대화문의 문장 부호가 다른 경우는 왜 그런 건가요?

A. 이 책의 대화문은 영어 대화문을 먼저 쓰고 한국어로 번역을 한 학습서가 아닙니다.
한국어 원어민 작가와 영어 원어민 작가가 함께 이야기를 만들면서 각자의 언어로 동일한 상황을 표현하다 보니 모든 단어와 표현이 공식처럼 들어맞지는 않습니다.
따라서 이 표현이 '어떤 상황'에서 쓰는 표현인지 알고 적용해야겠죠.

더 디퍼런스 홈페이지에서
예문&대화문 MP3를 무료로 다운받을 수 있습니다.
www.thedifference.co.kr (더디퍼런스>더디자료)

등장인물

리오

조각 같은 얼굴과 모델급 피지컬로 멀리서 봐도 잘생김이 뿜어져 나오는 인물. 도시적이고 세련된 분위기 탓에 겉모습은 차갑게 보이지만 상처가 많아 따뜻함을 갈구한다. 리더십 있고 일 앞에서는 프로인 반면 평소에는 자주 멍 때리고 어리바리한 면도 있다.

아라

발랄, 씩씩, 솔직, 털털, 꿋꿋한 단발머리 아이돌 지망생. 투명한 얼굴만큼이나 투명한 성격 탓에 표정에 모든 감정이 드러난다. 강아지와 고양이 앞에서는 녹아 버리고 불의를 보면 불타오른다. 단단한 마음근육을 지녔다.

시호

아라의 엄마 친구 아들. 엄친아다운 스펙과 귀공자 스타일의 외모, 온화한 인성까지 다 갖추었다. 유복하고 따뜻한 가정에서 성장하여 구김살이 없고 밝다. 아라, 리오가 현실의 벽에 부딪혀 힘들어할 때마다 그들을 다독이며 나아갈 방향을 제시해 주기도 한다.

농담이

하얀 털을 가진 비숑 프리제(Bichon Frise). 주인에게 버려져 길거리 생활을 하다가 위험한 상황에 '도그쉼 보호소'에 들어왔다. 보호소에서는 '50호 강아지'로 불리다가 리오에게 입양되며 농담이라는 이름을 얻었다.

기타 인물

타이	(타이와 리즈 멤버) 오디션에서 탈락한 이유를 리오 때문이라고 생각해 리오를 미워한다. 리오가 우승하자 SNS에 리오 저격글을 올린다.
리즈	(타이와 리즈 멤버) 타이와 함께 리오를 시기한다.
수하, 찬원	(ART 멤버) 리오와 한 팀으로 리오를 잘 따른다.
수연	(Foxy Fox 멤버) 미션에서 리오에게 도움을 받고 리오를 응원한다.
주리, 입지	Foxy Fox 멤버
MC 주영	최고의 인기 가수이자 서바이벌 쇼 '도전 K-영어 스타' 사회자.
애지	'도그쉼 보호소'의 보호사이자 아라와 각별한 관계이다.
박하	리오 친구이자 아이돌 지망생, '도그쉼 보호소'에서 봉사 활동을 한다.
아라 엄마	시호 엄마와 고등학교 동창. 남편의 사업 실패로 자식의 꿈을 응원해 줄 수 없어 가슴이 아프지만 생계를 꾸려 나가느라 여념이 없다.
아라 아빠	사업은 망했으나 늘 밝고 사람 좋아하는 전형적인 50대 가장이다.
아라 동생	모든 아이돌의 정보를 꿰뚫는 10대. 철없고 밝고 맑다.
리오 엄마	사회적 성공을 중요시하며 최연소 여성 금융기업 임원이 된 능력자다.
리오 아빠	가부장적 사고가 강한 금융기업 사장이다.
캐스팅 디렉터 한	서바이벌 오디션 기획 및 멘토 담당.

오디션 첫 번째, 찌릿

면접관이 주목하는 영어 필살기

약 4달 전,
'더 디퍼런스 엔터테인먼트' 공개 오디션장 앞은 수많은 지원자와 그들이 내뿜는 긴장감으로 가득 찼다. 지원 마감 시간이 임박하자 모두 자리에 앉아 호흡을 가다듬고 있었다. 그때 어디선가 괴성이 들려왔다.

 아라 **잠깐만요오오오!!**

그리고 퍽 소리와 함께 모두의 시선이 입구를 향했다. 접수 마감 시간을 1분 남기고 입구를 정리하는 직원들 틈으로 좁은 문을 통과하려는 두 남녀가 부딪혔다. 둘은 좋지 않은 소리를 내며 좋지 않은 모습으로 넘어지고 말았다.

 아라 **으악… 아퍼, 으앙!**

기다란 리오의 등 위로 아빠에게 업히려다 넘어진 아이처럼 작고 아담한 단발머리의 아라가 덮여 있었다. 젖살이 채 빠지지 않은 하얗고 통통한 볼에 그렁그렁한 눈이 8시 20분 방향으로 처지는가 싶더니 이내 무섭게 돌변했다.

첫 번째 찌릿.
둘의 시선이 날카롭게 교차했다. 그러나 이내 자신들을 향한 수많은 눈동자를 깨달았다. 버튼이 눌린 듯 벌떡 일어나는 두 사람을 향해 웃음이 쏟아졌다. 둘은 아무 일 없었다는 듯 애써 눈웃음을 지어 보이며 옷을 털었다. 그 순간 두 사람의 눈에 들어온 지원서 접수대에 남은 지원서는 단, 한 장. 둘은 다시 필사적으로 달려들었다.
누군가의 손이 약 0.001초 정도 빨리 지원서의 왼쪽 귀퉁이를 잡은 그 찰나, 나머지 한 사람의 손이 오른쪽 귀퉁이를 잡으면서 한 장 남은 지원서는 김장철 김치처럼 시원하게 찢어졌다.

안 돼애애애!!

아라는 세상에 홀로 남은 듯 절규하고 말았다. 준비했던 수많은 예쁜 표정 대신 세상에서 제일 못생긴 얼굴로. 리오는 종이 인형처럼 얇아진 상태로 털썩 주저앉았다. 여기까지 오려고 넘어온 수많은 관문을 생각했다. 두 사람 모두 더는 남의 시선을 신경 쓸 여유 따위는 남아 있지 않았다.

두 번째 분노의 찌릿. 드디어 전투가 시작되려는 찰나….

 직원   비켜 주세요.

 아라   아니, 저기요! 지금 비킬 상황으로 보이세…?

아라는 말이 채 끝나기 전에 직원의 손에 가득 들려 있는 지원서를 발견했다.

 아라   …요. 네 보이실 듯합니다. (웃음 지으며)네 비켜야지요.
         지원서 이리 주세요. 제가 정리할게요. 감사합니다!

직원은 이상한 여자를 다 봤다는 표정으로 돌아섰다.
남겨진 아라와 리오, 두 사람은 전쟁의 서막은 까맣게 잊은 채 지원서 작성에 열을 올렸다.

 진행 요원   김리오 씨, 박타이 씨, 이아라 씨 들어오세요.

 심사 위원   반갑습니다.
             이번 오디션은 글로벌 프로젝트 그룹을 뽑는 오디션으로 영어가 중요한
             평가 항목입니다. 그럼 먼저 영어로 자기소개 부탁합니다.

Day 1
I'm into pop ballads.

누군가에게 푹 빠져 있거나 무언가에 꽂혀 있다면 **'I'm into~'**를 써서 말해 보세요. 예를 들어 '저는 팝 발라드를 좋아해요', '그 음악 장르에 꽂혀 있어요'를 영어로 하면 'I'm into pop ballads' 또는 'I like~'나 'I love~'를 써서 'I love singing 나는 노래하는 게 좋아'가 됩니다. '난 너한테 완전히 빠졌어/반했어/정말 사랑해'는 'I'm into you'가 되겠죠.

➡ 본문 스크립트의 해설과 미국식 표현이 궁금하다면 259쪽 해설 노트를 참고하세요.

 KEY WORDS　　my way 내 방식　　judge 심사 위원　　a little bit 조금, 약간
into ~에 빠져 있다　　pop ballads 팝 발라드

좋아하는 음악은 팝발라드입니다.

아라는 함께 들어가는 리오를 보고 흠칫 놀랐다. 세 번째 찌릿. 아라의 특기가 표정에 감정을 고스란히 드러내기인 만큼 이내 미간에 주름이 잡혔다.

Ara **No way! Not with him!**

Leo **Things are not going my way today.**

Judge **Welcome!**
Why don't you tell me a little bit about
yourself in English?

Ara **Sure! Nice to meet you. I'm so happy to**
be here!
My name is Ara, and I'm 19 years old.
I really love signing, and I think I'm great at it.
I'm into pop ballads.

아라   와… 저 인간이랑 같이 들어가? 아오….

리오   아, 오늘 꼬이네.

심사위원   반갑습니다. 영어로 간단히 자기소개 부탁합니다.

아라   네! 안녕하세요.
제 이름은 이아라입니다. 열아홉 살이고요.
노래가 취미이자 특기입니다.
좋아하는 음악은 팝 발라드입니다.

You know what? Forget it!

'**You know what?**'은 '저기요, 있잖아요?'라는 뜻이고, 'forget it'은 '앞에 제가 한 말은 신경 쓰지 마세요', '잊어버리세요'라는 의미입니다. 즉, 하려던 말을 하지 않고 대화 주제를 돌리거나 이야기를 중단할 때 흔히 쓰는 표현인데요. 오늘 표현에서는 '에라, 모르겠다. 안 되는 영어 자기소개는 그만 할게요'라는 마음으로 한 말입니다.

KEY WORDS

forget 잊어버리다   drop 떨어트리다   beat 박자   Drop the beat 비트 주세요
goosebump 소름, 닭살   familiar 익숙한   though 그렇지만   tip 끝부분
tongue 혀

이렇게 대답했으면 참 좋았을 텐데… 영어 인터뷰가 있을 거라고 미처 생각하지 못한 아라의 영어 실력은 눈물 나도록 소박했다. 아라의 눈은 엄청난 속도로 왼쪽과 오른쪽을 오고 갔으나 영어 말하기 속도는 '2배 느리게' 설정해 놓은 듯했다.

Ara   Umm… hi? My name is Ara. Uhh….

You know what? Forget it!

Drop the beat!

"You were just a little girl when I met you.

…la la la."

Leo   Wow, I'm getting goosebumps.

That voice sounds super familiar though.

What was her name?

It's on the tip of my tongue.

아 라   하… 하이? 마이네임이즈 아라….

음… 에라 모르겠다. 드랍 더 비트!

"내가 널 만났을 때 넌 소녀였지… 음음."

리오   소름 끼치게 잘한다.

근데 어디서 많이 듣던 목소리인데…?

누구지?

아 기억이 날 듯 말 듯 한데….

33

Day 3

That's not really my strong suit.

'**strong suit**'는 내 손에 쥔 카드 중에 가장 높은 끗수의 패를 말하며 여기서 유래해서 '내 필살기', '최강점'으로 표현할 수 있어요. 예를 들어 볼게요. 'Singing is not my strong suit. 제가 노래에 약해요.' 비슷한 표현으로 'forte 강점'이라는 단어를 써서 배워 볼까요.

'**That's not really my forte.** 제가 그 부분은 좀 약해서.'

▶ 유튜브 레슨

 KEY WORDS   need ~할 필요가 있다   work 일, 노력   strong suit 높은 끗수의 패, 필살기
Korean Trot 트로트   little 약간, 조금   later 나중에, 이따

제가 그 부분은 좀 약해서.

'초롱꽃' 노래 속 소녀가 있다면 눈앞의 아라일 거라는 생각이 들 만큼 곱고, 청아한 목소리였다. 아라가 하찮은 영어 실력으로 자기소개를 할 때 모두가 던지듯 내려놓았던 기대를 다시 주섬주섬 주워 담는 듯했다.

Judge   You're a great singer, but your English needs some work.
Can you sing some pop for us?

Ara   That's not really my strong suit, but I'd love to sing some Korean Trot for you today!
"Oh no. Oh no. Oh little little later."

심사위원   노래는 잘하는데, 영어 실력이 좀 아쉽군요.

심사위원   혹시 부를 수 있는 팝송 있어요?

아라   제가 팝송엔 좀 약해서… 그치만 트로트는 자신 있어요!
(노래)아니, 아니, 조금 조금 이따요.

I think I was meant to be a musician.

'**meant to be**'는 '인연이나 운명이 정해져 있다'라는 의미예요. 'I was meant to be + 직업, 역할'을 말하면 '이건 내 운명이고 꼭 어떤 사람이 되어야만 해요'라고 강하게 어필할 수 있어요. 즉, 'I was meant to be a musician 나는 뮤지션이 될 운명이야/난 뮤지션이 될 숙명을 갖고 태어났어'라는 말입니다. 다른 예도 들어 볼게요.

'**I was meant to be yours.** 난 (운명적으로) 네 거야.'

KEY WORDS

meant ~로 여기다   follow-up 다음의, 이어지는   soul 혼, 정신   honor 영광   sign 서명하다, 계약하다   label 음반사, 레이블   wrong 틀린, 잘못된   done 다 된, 다 끝난   yet 아직

전 음악을 하기 위해 태어난 것 같아요.

심사 위원들은 잠시 입을 다물지 못했다. 아라가 끼도 많고 목소리도 좋은데 계획하는 그룹의 이미지와 맞지 않아 심사 위원들의 고민이 깊어졌다. 한편, 리오는 도망가려는 멘탈을 붙들었다. 영어는 자기소개 정도로 그칠 것이라는 지인의 조언을 듣고 달달 외워 왔지만 문제는 리스닝이었다.

Judge **Next. Can you tell me about yourself?**

Ty **Hi! I'm Ty. I think I was meant to be a musician.**

Judge **A follow-up question for you, Ty⋯.**

Leo **Hi! I'm Leo Kim and 19 years old.**
I love Eric Clapton.
I believe I have a lot of soul in my dancing.
It'd be an honor to sign with your label.

Ty **What's wrong with this guy?**
I'm not done yet!

심사위원 다음 분, 자기소개 부탁합니다.
타이 제 이름은 타이입니다. 저는 음악을 하기 위해 태어난 것 같아요.
심사위원 다음 질문드릴게요. 타이⋯.
리오 네! 저는 김리오입니다. 열아홉 살이고 Eric Clapton 노래를 사랑합니다.
그리고 제 춤엔 '소울'이 있습니다. 꼭 이곳에서 가수가 되고 싶습니다.
타이 와⋯ 지금 얘 뭐 하는 거임? 내 순서 아직 안 끝났는데.

37

Why Difference Entertain- ment?

'이유가 뭔가요?'를 영어로 말하고 싶다면 **'why'**라고 하면 됩니다.
'What's the reason?'은 '도대체 왜 그랬나요?', '그래서 이유가 뭔가요?'처럼 이유가 정말 궁금할 때 더 적합한 표현입니다. '왜 우리 회사죠?', '왜 우리 회사에 오고 싶은 거죠?'라고 말할 때는 **'Why** + 회사 이름**'**을 넣어 간단하게 'Why Difference Entertainment?'라고 할 수 있어요. 응용해 볼까요. **'Why me?** 왜 나를 선택한 거야?'

▶ 유튜브레슨

KEY WORDS

distinct 뚜렷한   second 초, 순간   One second 잠깐만요   turn 차례
Pardon? 죄송합니다만 무슨 말씀이죠?   might be 아마도   airhead 얼간이
performance 공연   amazing 감탄스럽게 놀라운

우리 회사에 오고 싶은 이유가 뭔가요?

타이는 어처구니가 없었다. 뭐 저런 민폐 캐릭터가 다 있나 싶었다. 하지만 정작 리오는 억지로 외운 영어 자기소개를 빨리 쏟아 내야 한다는 부담감에 무슨 실수를 했는지조차 알아차리지 못했다.

Judge   Ok. So, Ty, why Difference Entertainment?

Leo   I like your distinct style of music.

Judge   One second, Leo.

         Wait for your turn, please. You're next.

Leo   Huh? P… pardon? Oh, next?

         I'll sing and dance for you.

Ty   Woah! He might be airheaded,

         but his performance is amazing!

심사위원   그렇군요. 우선 타이 씨 우리 회사에 오고 싶은 이유가 있나요?

리오   더 디퍼런스 특유의 음악 스타일이 좋아서요.

심사위원   워… 워… 리오 씨는 다음 순서예요.

리오   네? 파… 파든? 넥스트? 아… 다음?

            다음으로 춤과 노래를 보여드리겠습니다.

타이   (혼잣말)헐, 뭐야! 저 어리바리 춤 노래는 레전드잖아…?

No one's chasing you.

본문 스크립트에서 리오가 말한 '누가 따라간다고!'라는 표현은 '아무도 안 쫓아가, 천천히 가' 이런 뜻이죠. 이때는 **'No one** 아무도 없어**', 'is chasing** 쫓아가지 (않아)**'**라고 할 수 있어요. 만일 '누가 너를 따라온다고?' 라며 정말 쫓아가는 '그 사람'의 정체가 궁금하다면 '누구'를 뜻하는 'Who' 를 써서 'Who's chasing you? 쫓아가는 사람이 누구야?'라고 할 수 있습니다.

KEY WORDS

talk 말하다, 대화하다   voice 목소리   either 또한   embarrassing 난처한

chasing 뒤쫓다   rush 서두르다, 황급함   character 성격, 캐릭터, 특이한 성격

(사람을 칭할 때)

야, 누가 따라간다고!

리오는 눈치껏 외운 영어 실력과 반대인 레전드급 실력의 춤과 노래를 보여준 후 오디션 장을 걸어 나왔다. 터덜터덜 걸어가던 리오의 앞에 축 처진 아라의 뒷모습이 보인다.

Leo   I know that voice! Hey! 'Drop the Beat!'

Ara   I don't think it's a good idea for us to be talking.

Leo   Don't I know you?

Ara   Of course you don't. But I know you.
You're 'P… pardon!'
I'm not so great either, but your English was embarrassing. Bye.

Leo   No one's chasing you. What's the rush?
What a character!

리오   아 분명 아는 목소리인데… 야, '드랍 더 비트!'
아라   하… 여러모로 서로 말 섞지 않는 게 좋을 거 같은데?
리오   나, 너 모르냐?
아라   넌 날 모르지. 하지만 난 널 알아. 넌 '파… 파든'이잖아(웃음).
       나도 나지만 너도 영어 심하더라. 그럼 이만.
리오   야, 누가 따라간다고 그렇게 빨리 뛰냐(웃음)! 볼수록 재밌네.

50호 강아지, 농담이
애견인, 애묘인과 영어로 소통하고 싶다면

리오는 연습실로 향하며 오디션을 곱씹어 보았다. 긴장한 탓에 안 들리던 영어가 더 들리지 않았다.

 리오 **외운 건 다 말하긴 했는데…**
질문에 맞게 대답한 건가? 아 모르겠다.

머리가 복잡한 건 질색이다. 리오는 볼륨을 올렸다.

Na na na na na na na na.
강한 듯 부드럽게 움직이는 유려한 선을 따라 리오의 몸이 움직였다. 하얀 티셔츠는 온통 땀으로 물들어 가고 있었다. 섬세한 손끝과 치명적인 눈빛은 보는 사람마저 긴장하게 만들었다. 어느새 들어와 지켜보던 리오의 친구 박하가 걱정스레 말을 건넨다.

 박하 **야, 적당히 해라.**
보는 내 뼈가 다 아프다. 오디션 잘 봤어?

 리오 **왔냐. 하, 말도 마.**
영어가 내 발목 잡을 줄 알았으면 진작 엄마 말 좀 들을 걸….

 박하 **무슨 일이 있었길래. 네가 엄마 말을 듣는다는 소리를 해.**
유학이라도 가려고?

 리오 **아 몰라. 이번이 마지막이었는데….**

박하는 마음이 복잡해 보이는 리오를 잡아끌었다.

박하　나가자. 안에 있으면 더 답답해.

 리오　아 추워. 어디 가게?

 박하　추우니까 가야 할 곳이 있어. 잔소리 말고 따라와.

리오가 박하를 따라 도착한 곳은 유기견을 돌보는 '도그섬 보호소'였다.

 박하　안녕하세요, 누나
　　　요새 갑자기 추워져서 안 쓰는 이불 좀 가지고 왔어요.

귀엽고 발랄한 강아지들이 뛰어놀고 있었다. 리오는 그 사이에서 구석에 웅크린 채 경계
심 강한 눈빛을 쏟아 내는 강아지 한 마리를 보았다. 강아지는 엉망이 된 털 아래 피고름
묻은 다리를 핥고 있었다. 리오의 시선을 본 강애지 보호사가 말했다.

 애지　50호 쟤는 어젯밤에 들어왔어.
　　　무슨 일을 겪었는지 사람이 가까이 가지도 못하게 경계하네….

잿빛의 먼지투성이 강아지는 경계심에 바들바들 떨고 있었다.
리오는 그 아이에게서 눈을 떼지 못했다.

그때, 밖에서 끼이익 대문 열리는 소리와 여자의 목소리가 들렸다.

 아라　저 오늘은 이만 가 볼게요!

 리오　어, 저 목소리는…?

리오의 시선이 급히 대문을 향했지만 아라는 벌써 사라진 후였다.

He must've been through a lot.

고생스럽고 힘든 일을 많이 겪었을 때는 **'have been through'**를 써서 'He has been through a lot 걔 고생했어'라고 말해요. 'through'는 '통과하다, 거치다'라는 뜻으로 'been through'는 '어떤 일을 겪다', '시간을 보내다'라는 의미예요. 'must'는 '분명 그랬을 거야'라고 추측하는 표현으로 'He must have been through a lot (줄여서 He must've been through a lot) 걔 진짜 고생 많이 했었나 봐'라고 할 수 있어요.

▶ 유튜브레슨

KEY WORDS

growling at ~을 향해 동물이 으르렁거리는 warm up 좋아하기 시작하다 calming 안정감을 주는 born 태어나다 especially 특히 have one's guard up 경계 태세를 취하다 stranger 낯선 사람 been through 일을 겪다 open up 마음을 터놓다

얼마나 고생했으면….

그로부터 2주 후, 아라는 다시 '도그쉼 보호소'를 찾았다. 아라는 2주일에 한 번씩 보호소를 찾아 강아지들을 돌봤다.

EJ   Wow! Puppy number 50 isn't growling at you!
     How did you make him warm up to you?

Ara It's easy. I sang to him with my calming
     voice.
     "You're born to be loved, puppy~."

EJ   You're too funny. He especially has his
     guard up with strangers.
     Poor thing, he must've been through a lot.

Ara He seems to be opening up a bit though?

애지 어머 50호 강아지가 너한테는 그르렁 안 하네?
      어떻게 친해진 거야?
아라 쉽죠. 고운 목소리로 노래 불러 줬어요.
      "당신은~~ 사랑받기 위해 태어난 개 님~"
애지 뭐야, 진짜 이아라(웃음).
      처음 들어오면 대부분 경계심을 보이긴 하는데 쟤는 정말 심하던데.
      안 됐어. 얼마나 고생했으면 에휴….
아라 그래도 이제 마음을 조금 연 거 같죠?

Day 2

You're back!

보통 **'back'**이라고 하면 '뒤쪽의'라는 뜻을 먼저 생각하는데, '등, 척추, 과거의'처럼 뒤쪽 또는 시간을 뒤로 돌려 말하고 싶을 때 많이 써요. 오늘 표현 'You're back'에서는 '원래 있었던 장소로 다시 돌아오다'라는 의미로 쓰였어요. 강애지 보호사가 말한 'He should be back soon'도 '곧 돌아올 거야'라는 뜻이죠. 'back'을 활용한 다른 예도 배워 볼까요?
'I'm back. 나 돌아왔어.**', 'I'll be back.** 나 다시 돌아올 거야.**'**

▶ 유튜브레슨

KEY WORDS

good-looking 잘생긴   back 돌아온   injured 다친

vet (veterinarian) 수의사, 동물병원   worse 더 나빠지다

thought think ~의 과거, 생각했다   run late 늦다

또 왔네.

리오는 3주가 지나도 50호라는 강아지의 까만 눈을 잊지 못했다. 그 외로운 눈이 부모님에게 이해받지 못한 채 늘 방문을 걸어 잠그고 있는 본인을 닮았다고 느꼈다. 리오는 박하와 다시 보호소를 찾았다.

Leo **Hi!**

EJ **Hey! Bakha's good-looking friend!**
You're back!

Leo **Where's the injured puppy from last time?**

EJ **Ah, puppy number 50?**
He's at the vet now.
His condition is worse than we thought.
He should be back soon.
They're running late.

리오 안녕하세요.
애지 잘생긴 박하 친구 안녕. 또 왔네.
리오 그때 다쳐서 들어왔던 강아지는 어디 있어요?
애지 아 50호? 지금 병원에 치료받으러 갔어.
  상처가 생각보다 깊어서….
  곧 돌아올 텐데 좀 늦네.

There's this cute guy.

오늘 배울 **'this'**는 가까운 곳에 있는 사람을 가르키는 게 아니라 대화를 하면서 상대방에게 '어떤 사람이 있는데~'라고 언급할 때 쓰는 말이에요. 'There's this guy. 어떤 남자가 있어 (내가 한 남자 얘기를 할 거야).' **'cute'**는 '귀여운'이라는 뜻 외에 '멋지다', '매력적이다'라는 뜻도 있답니다. 'He's cute. 훈훈하네./외모가 괜찮네.' 상대방에게 오해의 소지가 없게 '귀엽다'라는 말을 확실히 전달하고 싶다면 'adorable'을 쓸 수 있어요.

 KEY WORDS adopt 입양하다 obsessed with ~에 사로잡힌, 집착하는
celebrity 유명 인사, 연예인 inside and out 안팎으로, 완전히, 모두

한 훈남이 있어.

지난 방문 일로부터 다시 2주 후, 아라는 어김없이 보호소를 찾았다. 그런데 50호 강아지가 보이지 않는다.

Ara **Where's Fifty?**

EJ **What's up, Ara? Fifty was adopted!**

Ara **Oh really? That's amazing news!**

EJ **There's this cute guy who's obsessed with Fifty just like you. He took Fifty. Didn't you meet him? I thought he's some kind of celebrity. He's beautiful inside and out!**

아라 언니, 오십이 어디 갔어요?
애지 아라 왔어? 50이 입양됐어!
아라 와 진짜요? 너무 잘됐다!!
애지 너처럼 오자마자 50이부터 찾던 훈남이 데려갔어.
　　　저번에 못 봤나? 완전 연예인인 줄 알았잖아.
　　　얼굴만 잘생긴 줄 알았는데 마음까지 잘생겼나 봐.

Never mind, never mind.

'mind' 하면 '마음'이 먼저 떠오르지만 오늘 표현에 나오는 'mind'는 동사로 '마음에 걸리다', '신경 쓰다'는 뜻이에요. 'never'는 '절대 아니다'라는 뜻인데 'Never mind'라고 하면 '절대 마음에 두지 마', '전혀 신경 쓰지 마'라는 강한 어조보다는 '신경 쓰지 마', '아니야', '됐어'라는 의미입니다.

▶ 유튜브 레슨

KEY WORDS

coat 동물의 털   grrr 으르르르(그르렁 거리는 소리)   never 절대 아니다

mind 신경 쓰다   kidding 농담   ruff 왈왈!(짖는 소리) then 그러면

I'm going to call you 너를 ~라고 부를게

아냐, 아냐.

리오는 강아지를 따뜻한 물로 살살 씻겨 주었다. 사르르 털에 붙은 먼지들이 솜사탕처럼 물속에 녹아들었다.

Leo
Oh, you have a white coat!
I heard you like music. I can sing to you.
"I love….."

Fifty
Grrr….

Leo
Never mind, never mind.
I'm just kidding! Kidding!!

Fifty
Ruff ruff!

Leo
Do you like the word, Kidding? Kidding!
Alright then, I'm going to call you
KIDDING from now on.

리오   너 흰둥이였구나?
            아, 너 노래 좋아한다며? 내가 노래 불러 줄까? "I love…..".
50호 강아지 <u>그르르르르….</u>
리오   아냐 아냐, 농담이야. 농담.
50호 강아지 멍! 멍!
리오   농담 좋아?
            그래 넌 오늘부터 농담이야 농담아!

Puppy is pressing down with one paw at a time.

어떤 행동을 동시에 할 때는 'at the same time'이라고 하지만, 따로따로 할 때는 'at a time'을 써요. **'one at a time** 한 번에 하나씩.**'** 예를 들어 '한 번에 한 발씩 번갈아서'라는 표현은 'one paw at a time'이라고 표현해 요. '둘씩 둘씩 짝을 지어요'라고 할 때는 'two at a time'이라고 한답니다.

▶ 유튜브레슨

KEY WORDS

expert 전문가   press down 꽉 누르다   paw 동물의 발
at a time 따로따로   keep 반복하다   lick 핥다   smelly 냄새나는
text 문자를 보내다

리오와 농담이는 조금씩 서로에게 적응해 갔다. 리오는 농담이를 어디든 데리고 다녔다. 리오는 평소 음악 작업을 같이하는 친한 형 시호와 공동 작업을 하기로 한 날 농담이를 데리고 시호의 작업실을 찾았다.

Siho **Leo, YOU are getting a puppy?**

Leo **Yeah, but there's so much that I don't know.**

Siho **I have a friend who's an expert on this.**

I can ask her your questions, if you want.

Leo **Oh really? Yes, please!**

1. Why do puppies press down with one paw at a time?

2. Why do they keep licking their smelly feet?

Siho **I texted her!**

I'll let you know when I hear back.

시호 리오 너가 강아지를 키운다고?

리오 어 형. 근데 모르는 게 너무 많아.

시호 나 아는 동생이 동물 전문가야. 궁금한 거 있으면 물어봐 줄게.

리오 오 정말? 그럼 이것 좀 물어봐 줘.

1. 강아지가 발을 한 발 한 발 번갈아 가며 누르는 건 왜 그래?

2. 냄새나는 발을 끊임없이 핥는 건 왜?

시호 지금 문자 보냈어! 답 오면 알려 줄게.

It's called kneading.

강아지나 고양이가 앞발을 조물조물 빨래하듯 누르는 것을 '꾹꾹이'라고 하죠. 영어로는 **'kneading'**이라고 하는데 'kneading'은 밀가루를 물과 섞어 덩어리로 반죽하는 것을 말해요. 앞발이 움직이는 모습이 반죽하는 모습처럼 보여서 꾹꾹이를 'kneading'이라고 한답니다. 고양이는 'making biscuits'이라는 표현도 쓰는데 비스킷을 만들기 위해 반죽한다고 해서 쓰는 표현입니다.

유튜브 레슨

KEY WORDS

kneading 꾹꾹이, 반죽하는   emotionally 정서적으로   attached 애착을 가진

lick 핥다   paw 동물의 발바닥   keep an eye on ~잘 지켜봐 주세요

skin condition 피부 상태, 피부 트러블   habit 습관

시호는 리오의 질문 리스트를 아라에게 문자로 보냈다. 오랜 시간 고양이를 키웠고 꾸준히 유기견 보호소에서 봉사 활동을 해온 아라는 이 분야에 관해서라면 전문가였다. 질문을 보자마자 아라는 빙그레 웃었다.

Ara
1. It's called kneading.
It happens when he's emotionally attached to something.
2. Licking paws? Keep an eye on this.
It can possibly be a skin condition or just a habit you don't need to worry about.

Siho
Thanks, Ara. My friend says thank you.

Ara
Anytime! Oh no! Kitty is calling for her hooman! Got to go!

아라　1번→ 꾹꾹이입니다.
　　　무언가에 애착이 강할 때 할 수 있는 행동이에요.
　　　2번→ 발사탕이요? 잘 지켜봐 주세요. 피부병일 수 있어요.
　　　그냥 습관이면 다행이고요.
시호　아라야 고마워. 친한 동생이 정말 고맙다고 전해 달래!
아라　언제든지 물어봐~
　　　이런, 고양이 주인님이 집사를 부르네. 나 갈게!

Week 3

속상하고 부럽지만, '축하해!'
복잡 미묘한 감정 표현하기

농담이는 하루가 다르게 치유되고 있었다. 리오의 투박하지만 정성스러운 사랑은 조금씩 농담이의 마음을 움직였다. 다리의 상처도 아물고 살도 붙고 털도 제법 자라 알아볼 수 없을 만큼 사랑스러운 모습이 되었다.

한편, 아라는 *가이드 녹음 아르바이트를 위해 엄마 친구 아들이자 작곡가인 시호의 작업실로 향했다. 시호는 부모님의 뜻대로 학창 시절 내내 전교 일등으로 살다가 명문 대학교에 합격하자마자 독립을 선언했다. 그 후 음악의 길을 걷는 전설적인 인물이다.

 시호 아라 왔어? 어? 왜 이렇게 스팀이 나와?
　　　또 누가 이아라의 심기를 건드렸나?

 아라 택배 아저씨가 엘리베이터를 타려고 하는데 글쎄,
　　　어떤 인간이 같이 타지 말라잖아. 헐! 걸어서 배달하라는 거야 뭐야?

 시호 그래서?

 아라 계속 문 열린 채 싸우다
　　　결국… 택배 아저씨가 바쁘다고 옆 엘리베이터 타고 먼저 가셨어.

 시호 못 말린다. 쌈닭 이아라. 숨 좀 고르고 녹음 시작할까?

시호와 아라는 어린 시절부터 같은 동네에서 자랐다. 여유로운 가정에서 자란 시호는 아라의 집이 어려워지는 과정을 곁에서 보았다. 시호와 비슷한 환경에서 살다가 가장 아닌 가장으로 살아야 하는 아라를 보는 일은 시호의 마음을 아프게 했다. 그러나 곧 씩씩한 아라의 모습에 존경스러운 마음이 들었고, 지금은 그 모든 감정이 더해져 아라를 향한 마음이 형용할 수 없을 만큼 커졌다.
시호는 아라와 있는 시간이 좋았다. 마음이 커질수록 가이드 녹음 시간은 자꾸 늘어만 갔다.

아라 　자자, 오늘은 빨리 끝내 봅시다!
　　　　지난 번 10시간 가이드 하아, 녹을 뻔했어.

 시호 　아 전에 그 곡은 너무 중요해서 그랬지.
　　　　좀 미안하네. 그래서 말인데 너 가수 되면 나한테 곡 달라고 줄 설 거 아니야.
　　　　번호표 지금 줄게.

 아라 　아~ 예~ 제 비싼 목소리를 열정페이 따위로 이용하시겠다는 말인가 지금?

 시호 　아. 알았어, 알았어(웃음). 오늘은 빨리 끝내고 리얼페이!

시호는 귀여워하는 마음을 숨길 수 없는 눈빛으로 아라를 바라보다가 얼른 헤드셋을 꼈다. 두 시간이 지나 가이드 녹음이 끝난 후 아라는 소파에 널부러진 채 숨을 몰아 쉬고 있었다. 그때 강아지 소리가 점점 가깝게 들려 왔다 .

 농담 　망!망! 망망망망망!!

 아라 　응? 무슨 소리지? 옆 집 강아지 키워?

 시호 　아, 농담인 듯?

 아라 　어? 뭐가 농담이야?

*가이드란?
작곡가가 처음 곡을 만들면 가사 없이 대략의 멜로디만 있어요.
멜로디에 가사를 붙이기 전에 음정, 박자, 뉘앙스 등을 표현하기 쉽도록 허밍이나 뜻이 명확하지 않은 영어, 편한 발음 등 대강의 가사로 미리 초안을 만들어 불러 보는데 그 버전을 '가이드'라고 합니다.

He's not good with strangers.

'good with'는 기술적으로 뭔가를 잘 다룰 때 자주 쓰는 표현이에요. 특히 'good with' 다음에 사람이 오면 불편하거나 어색해하지 않고 잘 지 낸다는 뜻이죠. 'He's not good with strangers. 낯선 사람이랑 있으면 어색 하고 불편해.' 즉, '낯을 가린다'는 표현입니다. 예를 들어 볼게요.
'I'm good with children. 나는 애들이랑 잘 놀아./애들을 잘 다뤄.**'**

▶ 유튜브 레슨

 KEY WORDS   careful 조심하는   stranger 낯선 사람   OMG Oh my god의 줄임 말(헐, 헉, 대박 사건)

each other 서로   respond to ~에 반응을 보이다   other 다른, 다른 사람

그 아이가 낯을 많이 가려.

문이 열리고 농담이가 먼저 들어왔다. 농담이는 아라를 알아보고 꼬리를 흔들며 다가갔다. 아라는 보송보송하고 건강한 농담이가 유기견 보호소에서 본 50호 강아지인 줄은 꿈에도 생각하지 못했다.

Ara   Awww⋯ what a cute puppy!

Siho   Be careful.

         He's not good with strangers.

Leo   Wait⋯ 'Drop the beat?'

Ara   OMG you! The airhead, 'Pardon' guy!

Siho   You guys know each other?

         Oh? He responds to other people too?

아라   와, 너무 귀여워!

시호   조심해! 걔가 낯을 많이 가려.

리오   어? '드랍 더 비트?'

아라   헉 너는⋯? 어리바리 '파든?'

시호   뭐야, 둘이 아는 사이야?

        어? 농담이가 주인 말고 다른 사람한테도 가네?

Day 2

Fate?
An ill fate!

한국어로 '팔자가 세다'라는 말이 있죠. 영어에서도 '팔자'를 뜻하는 단어가 있어요. '이미 정해진 운명, 숙명'이라는 뜻을 가진 **'fate'**로 표현할 수 있어요. 'fate'에 **'ill** 아픈/불쾌한/불길한**'**을 덧붙여 'ill fate'라고 하면 불길하고 불쾌한 인연, 즉 '악연'이나 '불운'을 말합니다.

KEY WORDS

fate 운명, 숙명   ill 불길한, 불쾌한   during ~하는 동안   seriously 완전 진심
manners 예의   nod 고개를 끄덕이다   belly 배(신체)
anyone but me 나 빼고 아무나

인연? 그런 건 악연이라고 하는 거야.

셋은 작업실 소파에 둘러앉았다. 아라는 한 달 전 오디션에서 있었던 일을 시호에게 랩하듯 쏟아 냈다. 리오는 오디션 날 아라의 목소리를 듣고 어디서 많이 들어본 것 같다고 생각했지만 끝내 기억하지 못했었다. 이제야 오래전부터 시호가 리오에게 들려준 가이드 곡들이 전부 아라의 목소리라는 것을 알게 되었다.

Siho Haha what? This is fate.

Ara Fate? An ill fate!

Leo Do you know what 'Drop the beat' did during the audition?

Ara Seriously, no manners at all.
Right, Kidding? Look at him! He's nodding!

Leo Woah, I've never seen Kidding show his belly to anyone but me.

시호 하하하! 진짜? 암튼 인연이네 두 사람.
아라 인연? 그런 건 악연이라고 하는 거야.
리오 형 '드랍 더 비트'가 오디션에서 어쨌는 줄 알아?
아라 헐! 인성이 없어. 아예 없어.
꾸치 농담아~~ 얘 봐, 고개 끄덕이는 거 같지 않아(웃음)?
리오 헐! 농담이가 다른 사람한테 배 내밀고 눕는 거 처음 봐.

Yes,
this is he.

전화 통화를 할 때 '네, 접니다'를 'Yes, that's me'라고 하면 '그게(다른 사람 말고) 바로 나예요!'라는 뉘앙스로 매우 어색하게 들립니다. 통화 중에 '제가 그 사람입니다'는 **'this is'**를 써서 'Yes, this is he (she)'라고 대답하면 됩니다. 상대방이 'Is this Leo Kim?' 하고 물었으니 '제가 리오입니다'라는 답변으로 **'This is Leo speaking'** 또는 간단하게 **'Speaking'** 이라고도 할 수 있겠죠.

▶ 유튜브 레슨

KEY WORDS

calling from ~에서 전화드립니다   in charge of 담당하는

casting 섭외, 캐스팅   invite 초대하다, 요청하다   competition 시합, 경쟁, 대회

participate 참여하다, 참가하다   take a look 확인해 주다

아, 네 전데요?

리오는 농담이의 처음 보는 모습에 깜짝 놀랐다. 농담이를 잘 다루는 아라의 모습을 넋 놓고 바라보았다. 그때 리오의 핸드폰이 울렸다.

Leo   Hello?

Han   Hi, I'm calling from Difference Entertainment. Is this Leo Kim?

Leo   Yes, this is he.

Han   Hi, this is Han in charge of casting. We want to invite you to our competition.

Leo   Competition?

Han   I sent you an email on this. Please take a look and if you want to participate, please be here by 9am next Monday.

리오	여보세요.
캐스팅 디렉터 한	안녕하세요, 더 디퍼런스 엔터테인먼트입니다. 김리오 씨 맞으시죠?
리오	아, 네 전데요?
캐스팅 디렉터 한	안녕하세요. 저는 캐스팅 담당 한입니다. 서바이벌 과정에 합격하셨습니다.
리오	서… 서바이벌 과정이요?
캐스팅 디렉터 한	네, 자세한 사항은 메일 보내드렸으니 확인하시고 참여 의사가 있다면 다음 주 월요일 오전 9시까지 와 주시기 바랍니다.

I can't make sense out of all this.

앞뒤가 딱딱 맞거나 쉽게 무슨 일인지 파악이 되고, '잘 이해된다'는 말을 하고 싶을 땐 **'make sense'**를 사용해 보세요. **'out of all this'**는 '모든 것 중에서'를 뜻해요. 오늘 표현에서는 '지금 일어나는 이 모든 일이 '이해가 안 돼'라는 표현으로 함께 쓰였어요. 예를 들어 볼게요.
'It makes sense. 그거 말 되네. 뭔지 알겠다.'

▶ 유튜브 레슨

KEY WORDS

move forward 앞으로 나아가다   Congratulations 축하해

make sense 말이 되다   next round 다음 라운드, 다음 단계

jealous 질투하는, 샘나는   Congrats! Congratulations의 줄임 말

아직 뭐가 뭔지 잘 모르겠어.

"서바이벌 과정에는 합격했다고? 대체 붙었다는 거야, 떨어졌다는 거야? 심지어 바로 다음 주부터 시작이라니." 얼떨떨한 리오에게 시호는 축하의 마음을 전한다.

Siho   **A competition? What kind of competition?**
       Well, that means you're moving forward.
       You did it! Congratulations, Leo!

Leo   **Yeah, I can't believe it!**
       I can't make sense out of all this.

Ara   **What are you talking about?**
       You're moving to the next round!
       This is great! I'm so jealous! Congrats!

Siho   **Ara, any news for you?**

시호   서바이벌 과정? 그건 또 뭐야?
      암튼 잘된 거 아니야~? 와 리오 해냈네! 축하해.
리오   어… 어 안 믿긴다. 아직 뭐가 뭔지 잘 모르겠어.
아라   모르긴. 뭐라도 붙었다니 된 거지! 잘됐다 완전.
      허어얼 부러워! 축하해!!
시호   아라는 아직 연락 없고?

Day 5

I wish
we could've
made it
together.

'could've'는 'could have'의 줄임 말로 어쩔 수 없지만 안타까운 마음에 '~했더라면 좋을 텐데'라는 표현에 쓰입니다. 'I wish I could ~내가 그랬다면 좋았을 텐데···.' **'made it (make it)'**은 '해내다'라는 뜻으로 오늘 표현에서는 '합격하다'의 의미로 썼어요.

▶ 유튜브 레슨

KEY WORDS

believe 믿다   move forward 앞으로 나아가다   recognize 알아차리다

talent 재능   look for a job 일자리를 구하다   if 만일 ~한다면   get it 해내다

have made it (make it의 완료형) 해내다

66

같이 붙었으면 좋았을 텐데.

'윙-' 그때 아라 핸드폰에 문자 메시지가 도착했다.

"이번 오디션은 안타깝게도 불합격하셨음을 알려드립니다. -더 디퍼런스 엔터테인먼트-"

Ara   Oh, it's Difference Entertainment.
We're not moving forward with you?

Siho   I can't believe they can't recognize such
amazing talent like you.

Ara   I told my family I'll look for a job
if I don't get it this time.

Leo   I'm sorry.
I wish we could've made it together.

아라   엇. 더 디퍼런스 엔터테인먼트. 부… 불합격입니다?

시호   아 진짜 그 회사 안 되겠구만. 인재를 몰라보네.

아라   나 이번에 떨어지면 취직하기로 가족들이랑 약속했는데.

리오   아… 같이 붙었으면 좋았을 텐데.

Day 6

Songi Music's planning to hire in six months.

어떤 일을 계획 중일 때는 **'be + planning'**을 써서 **'Songi Music is planning to + hire** 고용하다**'**라고 표현할 수 있습니다. **'in'**은 말하는 지금 이 순간부터 얼마 후를 뜻하므로 'in 6 months'는 지금부터 '6달 후'라는 뜻이 되겠죠. 예를 들어 볼게요.

'We'll be back in three hours. (지금으로부터) 3시간 후에 돌아올게.**'**

▶ 유튜브 레슨

KEY WORDS

plan 계획하다   hire 고용하다   should 꼭 ~해야 한다   industry 산업, 업계

international 국제적인   international company 국제적 기업, 외국계 기업

68

6개월 후에 '송이 뮤직' 채용 일정이 있대.

리오는 서바이벌 과정 준비로 먼저 일어섰다. 아라는 더는 취업을 미루고 가수의 꿈에 도전할 수 없는 현실에 망연자실했다. 멍하게 앉아 있는 아라를 한참 바라보던 시호가 입을 열었다.

Siho   Ara, are you ok?

Ara   Of course··· not.

Siho   Ara, Songi Music's planning to hire in

six months.

You should try it out.

Ara   Songi Music?

It'd be great to be in the music industry.

Isn't it an international company?

I'm not sure about my English.

시호   아라야, 괜찮아?

아라   그럼~ 안 괜찮지.

시호   아라야, 송이 뮤직에서 6개월 후에 채용 일정이 있대.

너 도전해 봐.

아라   송이 뮤직?

음악을 놓지 않을 수 있어서 좋을 것 같긴 한데.

거기 외국계 기업이지? 또 영어가 발목 잡는 건 아닌지···.

Week 4

영어 서바이벌 Start!

잘 못 알아들으면 어때,
다시 말해 달라고 하지 뭐

리오는 메일을 열었다.

'더 디퍼런스 엔터테인먼트' 서바이벌 과정 합격을 축하합니다.
서바이벌 과정은 3개월간 합숙 훈련으로 진행됩니다. **월 **일 월요일 아침 9시까지
'더 디퍼런스 엔터테인먼트' 건물 1층으로 와 주시기 바랍니다.
준비물 및 참고 사항은 아래와 같습니다.

(중략)

합숙 과정은 전부 영상으로 촬영되며 'DIFF TV'로 방영될 예정입니다. 촬영 및 합숙
과정이 방송되는 것에 동의하지 않을 시에는 서바이벌 과정에 참가하실 수 없습니다.
참가 여부를 메일로 회신하여 주시기 바랍니다. 자세한 사항은 참가 희망자에 한하여
별도로 안내드리겠습니다.

 리오 **서바이벌 과정이 뭔지도 모르는데 3개월이나 참여해야 한다고?
오디션 볼 때 그런 얘기는 없었는데….**

잠시 고민했지만 리오에게는 선택의 여지가 없었다. 리오 또한 이번 오디션이 마지막 기회
였기 때문이다. 리오의 부모님은 리오가 유학을 가길 바랐다. 하지만 리오는 오디션에 붙
어 돌아올 테니 그땐 자신의 꿈을 인정해 달라고 큰소리치고 갔던 오디션이었다. 그리고
지금 합격도 불합격도 아닌 상태를 통보받았다. 그 사실을 그대로 부모님께 말할 수는 없
었다. 어떻게든 서바이벌 과정을 통과해 최종 합격해야 했다.
리오는 짐을 꾸리려고 노트북을 닫으려다가 아라가 부른 가이드 곡이 생각났다. 가이드
곡들을 모아 놓은 폴더를 열었다. 'Delivery'라는 곡이었다.

리오　　맞아. 이 노래 가이드가 이아라 목소리였어.

　　　　　일 년 전에 이 노래 좋아서 한참 들었는데.

리오는 핸드폰 음악 플레이리스트로 아라의 가이드 버전 'Delivery'를 옮겨 담았다.

마침내 서바이벌 시작의 날이 밝았다.

'디퍼런스 엔터테인먼트'에 도착한 리오는 눈이 휘둥그레졌다. 생각보다 많은 사람이 모

여 있었다. 마음의 준비를 마치기도 전에 카메라와 플래시 세례가 터지자 어지러웠다.

 MC 주영　영어 서바이벌 과정에 와주신 여러분을 환영합니다.

　　　　　여러분은 모두 춤, 노래, 재능은 훌륭했지만 단 한 가지,

　　　　　영어 실력이 부족해서 글로벌 그룹 오디션에 아쉽게 탈락한 분들입니다.

　　　　　세 달의 기간을 거쳐 영어 서바이벌 프로그램을 진행할 것이고

　　　　　단 세 명만 살아남아 우리와 함께할 수 있습니다.

　　　　　그리고 영어 서바이벌 전 과정은 DIFF TV로 전 세계에 중계될 예정입

　　　　　니다. 바로 오늘이 그 첫 번째 날입니다.

　　　　　함께하길 원하지 않는 분들은 지금, 돌아가셔도 좋습니다.

 리오　　와… 와앗…? 아니, 잠시만. 영어 서바이벌?

당황한 참가자들의 웅성거리는 소리가 여기저기에서 들려왔다.

Day 1

For the next three months, you'll be in English bootcamp.

'for the next three months'에서 'next'는 '다음'이라는 뜻이 아니라 시간적으로 '이후에'라는 뜻으로 쓰였어요. 즉, '앞으로 3개월 동안'이라는 뜻이죠. 'boot camp'는 원래 군대의 신병 훈련인데, 극기훈련이나 특정 목표를 이루기 위해서 합숙하면서 하는 훈련에도 사용할 수 있어요.

KEY WORDS

nervous 긴장한   complete 완전한   beginner 초보자   be able to ~할 수 있다

express 표현하다   certain 어느 정도의   extent 규모, 정도   bootcamp (신병) 훈련소

eliminate 제거하다, 탈락시키다   continue 계속하다   journey 여정

3달간의 영어 극기훈련을 시작합니다.

참가자들의 눈이 휘둥그레졌다. 리오 또한 당황스러웠다. 리오는 알고 있었다. 그동안 수많은 영어 공부를 해왔지만 자신의 영어 실력은 형편없다는 사실을…. '대체 무슨 수로 여기서 살아남을 수 있을까?'

Han Don't be nervous.
All of you here aren't complete beginners.
You were able to express yourselves to
a certain extent.
For the next three months, you'll be
in English bootcamp.
After three months, we'll eliminate seven
of you.
And only three of you will continue with
this journey.

캐스팅 디렉터 한 걱정할 것 없습니다.
여기 계신 여러분은 아주 왕초보는 아니라고 생각해요.
인터뷰에서 어느 정도 말씀을 하셨던 분들이죠.
지금부터 세 달간의 영어 극기훈련을 시작합니다.
세 달 후 심사에서 일곱 명이 떠나고
남은 세 명의 지원자들만 여정을 이어가게 될 겁니다.

Day 2

I'll be helping you study English from now on.

'내가 널 도와줄게'라는 말을 흔히 **'I'll help you'**라고 써요. 본문에서 는 곧 일어날 일에 대해서 '구체적으로 앞으로 이렇게 될 거야' 하고 말하는 상황이므로 'I'll be helping you. 이제부터 내가 도와주게 될 거야'라고 표현할 수 있어요. **'from now on'**은 '이제부터, 이후에'라는 뜻입니다.

▶ 유튜브 레슨

KEY WORDS

AI 인공지능   simulator 시뮬레이션을 한 프로그램, 컴퓨터로 실제 상황처럼 재현하는 장치   thing 불특정한 어떤 것, 생명이 없는 물건   choose 선택하다

subject 주제   pick 고르다   blind date 소개팅   type 사람, 타입, 이상형

이제부터 내가 너의 영어 공부를 도와줄 거야.

오리엔테이션이 끝나고 각자 짐을 푼 후 합숙소를 둘러보는 시간을 가졌다. 합숙소에는 여러 교실이 있었다. 팝송 룸, 영화 룸, 영어 도서관, 자습실. '어… 근데 이 방은 뭐지? 시뮬레이션 룸?' 리오는 시뮬레이션 룸을 열었다.

AI TIFF **Hello, I'm your simulator friend, TIFF.**

Leo **What is this thing?**

AI TIFF **I'll be helping you study English from now on. Do you want to choose the subject you'd like to study today?**

Leo **I'm not sure how to do this.**

AI TIFF **Today's your first day, so I'll pick for you. The subject is blind dates. What's your type?**

Leo **My type?**

AI TIFF 안녕, 나는 시뮬레이션 친구, 인공지능 TIFF야.
리오 이건 뭐지?
AI TIFF 이제부터 내가 너의 영어 공부를 도와줄 거야. 오늘 공부하고 싶은 주제를 한번 선택해 볼래?
리오 나 어떻게 하는 건지 잘 모르겠어.
AI TIFF 좋아. 오늘은 첫날이니까 내가 정해 줄게. 주제는 소개팅. 네 이상형을 말해 봐.
리오 이상형?

Day 3

I'm sorry. I didn't get that.

오늘 표현에 나온 **'get'**은 '이해하다'라는 뜻으로 **'I didn't get that'**
은 말을 이해하지 못했으니 상대방에게 '다시 말해 주세요'라고 부탁하는
의미도 있어요. 비슷한 표현 세 가지를 배워 볼게요.

'Sorry, can you say that again?'
'Sorry, I didn't catch that.'
'Sorry, can you repeat that?

KEY WORDS

blind date 소개팅, 소개팅 당사자   actually 사실은

talent show 장기 자랑   Excuse me? 뭐라고 하셨죠? catch 잡다, 알아듣다

What do you think? 어떻게 생각해?

죄송한데, 무슨 말씀이신지….

리오는 '이상형'이라는 말에 당황했다. 영어가 아니라 한국말이라고 해도 할 말이 떠오르지 않았다. 한참 생각에 잠긴 리오에게 인공지능 TIFF가 다시 말을 걸었다.

AI TIFF   **Ok. I'm your blind date.**

Hey there! I actually saw you dancing at the school talent show.

Leo   **Excuse me?**

I'm sorry. I didn't get that, because you're talking so fast. Can you say that again?

AI TIFF   **You're so cute!**

What do you think about me?

Leo   **Sorry, I didn't catch that.**

AI TIFF   자, 지금부터 내가 너의 소개팅 파트너라고 생각해.
오빠~ 저 사실 학교 축제 때 오빠 춤추는 거 봤거든요.

리오   네? 죄송한데, 말씀이 너무 빠르셔서 못 알아들었어요.
한 번만 다시 얘기해 주실래요?

AI TIFF   오빠 멋있다고요~!
나 어때요?

리오   뭐라고요?

77

Day 4

What do you do for fun?

'**What do you do (for a living)?**'는 '뭐 하세요?, 어떤 일을 하세요?'라는 뜻이죠. 이 문장이 단독으로만 쓰이면 '직업이 어떻게 되나요?'라는 의미도 있지만 'What do you do for fun?'이라고 하면 '심심할 때 뭐 하고 놀아요?' '취미가 뭐예요?'라는 뜻이 되죠. 예를 들어 볼게요.
'**What do you do on weekends?** 주말에는 뭐 하세요?'
비슷한 표현으로 'What's your hobby? 취미가 뭐예요?'가 있습니다.

KEY WORDS

easier 더 쉬운   when ~했을 때   fun 재미, 즐거움을 주는 것
kind of ~종류의   obsessed with ~에 사로잡힌, 심취한 title 제목   usually 주로

뭐 좋아해요?

인공지능 TIFF는 '리오에게 호감 있는' 소개팅녀 역할에 충실하듯 폭풍 질문을 쏟아 냈다. 리오가 질문을 잘 알아듣지 못하자 TIFF는 모니터에 질문을 자막으로 띄웠다.

Leo   Ah, it's easier when I read.

AI TIFF   Leo, what do you do for fun?

Leo   I like listening to music.

AI TIFF   Oh yeah? What kind of music?

Leo   I'm obsessed with this song that goes
'far away like a bird…',
but I can't remember the title.

AI TIFF   What do you usually do on the
weekends?

Leo   I like going for a drive.

리오   아, 글자로 보니까 좀 더 이해가 쉽게 되네.
AI TIFF   리오 오빠, 뭐 좋아해요?
리오   전, 음악 듣는 거 좋아해요.
AI TIFF   아 그래요? 어떤 노래 좋아해요?
리오   최근에 꽂힌 노래가 있는데 '아주 멀리 새처럼…' 제목은 기억이 나지 않네요.
AI TIFF   아… 그럼 주말에 시간 나면 보통 뭐해요?
리오   운전하는 거 좋아해요.

Day 5

I tend to stay quiet.

'이럴 때, 나는 보통 어떻게 해~'라는 말을 하고 싶다면 'tend to'라는 표현을 써보세요. 'tend to는 ~경향이 있다'라고 해석하는데 주로 특정한 방식으로 행동하는 것을 의미해요. 'stay'는 '어떤 상태를 유지한다'는 뜻으로 'stay quiet'는 '조용한 상태를 유지하다', 즉 '말을 하지 않는다'입니다. **'I tend to stay quiet'**라고 하면 (어떤 특정 상황에서) 나는 주로 말을 하지 않는 편이야라는 뜻이 되겠죠.

KEY WORDS

difficult 어려운   respond 응답하다   tend to ~하는 경향이 있다
afraid 염려하는, 걱정하는   make mistakes 실수하다
comfortable 편안한   favorite 특히 좋아하는   Let's do it 해보자

그냥 입 다물고 있거든.

TIFF라는 인공지능과 소개팅인지 시뮬레이션인지를 단 10분 했을 뿐인데 리오는 마치 10시간은 지난 것처럼 머리가 지끈지끈했다.

AI TIFF **Good job. It'll be difficult to make out everything you hear, but responding the best you can is important.**

Leo **I tend to stay quiet because I'm afraid of making mistakes in front of people. You're a computer, so I feel more comfortable.**

AI TIFF **Is there anything you wanted to say, but couldn't?**

Leo **I wanted to talk about my favorite type of music.**

AI TIFF **Let's do it!**

AI TIFF 잘했어. 아직 영어가 잘 들리지는 않겠지만 어떻게든 리액션하는 것이 중요해.
리오 다른 사람들 앞에서는 틀릴까 봐 그냥 입 다물고 있거든.
  근데 네가 컴퓨터라 그냥 편하게 얘기해 봤어.
AI TIFF 하고 싶었는데 못했던 말, 혹시 있어?
리오 좋아하는 음악 장르도 말하고 싶었는데.
AI TIFF 한번 해보자!

Day 6

You're getting so much better!

'get'은 '어떤 상태가 되다(become)', 'better'는 'good(좋은)'의 비교급 형태로 '더 나은'이라는 뜻입니다. 'You're getting better'는 '너 점점 나아지고 있어'라는 말이죠. 오늘 표현에서는 'get'과 'better' 사이에 '많이, 훨씬'을 뜻하는 'so much'를 써서 '아주 좋아졌다'는 말로 강조했답니다.

▶ 유튜브 레슨

KEY WORDS

every once in a while 어쩌다 한 번씩   since ~부터   graduate 졸업하다

driver's license 운전면허   refreshing 기분 전환   scenic 경치가 좋은

switch 전환되는

완전 많이 좋아졌어.

인공지능 TIFF와 리오는 똑같은 상황극을 여러 번 반복했다. 같은 질문을 반복해서 듣고 연습을 해보니 하고 싶은 말이 자연스럽게 정리되었다.

AI TIFF   **What do you do on weekends?**

Leo   **I like going for a drive every once in a while.**
I loved cars since I was a kid.
So, as soon as I graduated,
I got a driver's license.
It's so refreshing every time
I go for a scenic drive.

AI TIFF   **Leo! You're getting so much better!**
Let's switch roles and continue.

AI TIFF   주말에 시간 나면 뭐해요?
리오   시간 날 때마다 드라이브하는 거 좋아해요.
전 어릴 때부터 자동차를 좋아했거든요.
그래서 학교 졸업하고 바로 운전면허부터 땄어요.
한 번씩 운전하고 가서 좋은 경치 보고 오면 가슴이 트이더라고요.
AI TIFF   리오! 완전 많이 좋아졌어.
그럼 이번에는 역할을 바꿔서 얘기해 보자.

상상도 못한 결과

응원에 힘입어 자신감 뿜뿜하기

인공지능 TIFF와 소개팅 시뮬레이션을 하다 보니 어느새 훌쩍 두 시간이 흘렀다.

 AI TIFF   자, 이제 두 시간 지났어. 내일 또 만나자.

 리오   벌써 끝이야? 두 시간밖에 공부 안 했는데?

 AI TIFF   안 힘들어?

 리오   사실, 집중력이 좀 떨어지긴 해.
그렇지만 시간이 얼마 남지 않았다고, 난 일분일초가 절실해.

하지만 TIFF는 단호하게 얘기했다.

 AI TIFF   리오야. 영어 공부는 단순한 공식 암기가 아니야.
새로운 걸 많이 배우는 것도 좋지만 오늘 배운 것을 활용할 시간이 필요해.
가서 팝송도 듣고, 영화 룸에서 영화를 보거나 책을 읽어도 좋아.
그러다 오늘 배운 단어나 표현을 마주치면 그 표현은 마침내 머릿속에 저장될 거야.
대신, 오늘 같이 대화한 내용을 출력해 줄게.
머리 식히고 나서 꼭꼭 복습해야 해!

리오는 TIFF의 조언대로 다른 방을 기웃거렸다.
팝송 룸에 들어갔더니 올해 가장 핫한 가수 'Y.O.D.A'의 노래가 흘러나왔다.

 수하   (웃음) 형, 혹시 이거 필요하세요?

리오　이게 뭐예요?

 수하　이거 지금 나오는 노래 가사인데요, 노래 듣고 빈칸에 받아쓰기 하는 거예요. 꽤 재밌어요.

리오는 빈칸이 있는 가사와 해석이 된 종이 한 장을 받았다.

 리오　'나는 도로를 누비며, 질주한다… 질주?
아, 이 표현 진작에 알았으면 아까 운전 좋아한다고 할 때 써먹을 수 있었는데.'

리오는 좋아하는 팝송을 들으며 머리를 식힌 후, 도서관에 가서 TIFF가 출력해 준 오늘의 대화 내용을 다시 복습했다.

잠시 쉬었다가 다시 대화를 보니 '여기서는 이렇게 말할 걸' 혹은 '이렇게 말하지 말 걸' 하며 조금 전에는 생각하지 못했던 아이디어가 떠올랐다.
리오는 궁금한 표현이 생기면 사전도 찾아보고 검색도 해가면서 자신만의 상황극 노트를 만들었다.

한편, 오디션에서 탈락한 아라는 채용 사이트 검색이 한창이다.

 아라　영어 점수 700 이상… 여기도 힘들 것 같고.
영어 말하기 중급 이상… 아니 영어 못하면 지원할 수 있는 회사가 진짜 없네.
이아라 너무 한심하다.

그때 아라의 전화벨이 울렸다.

 아라　여보세요? 아, 네~ 저 지금 가능해요!

Day 1

Have you worked at a café before?

상대에게 '~해본 적 있나요?'라고 물을 때는 **'Have you~?'**로 질문을 시작할 수 있어요. 'Have you~?'에서 'have'는 '가지다'라는 뜻이 아니라 '그런 일 해본 적 있어?' 또는 '다 했어? 끝마쳤어?'라고 묻는 표현이에요. 'Have you ever~?'라고 쓸 수도 있지만 '심지어 그런 일도 해봤어?' 하고 강조할 때 써야 자연스럽습니다. 'café' 또는 'cafe'는 한국말로는 카페라고 하지만 영어로는 '캐페~이'에 가깝게 발음합니다.

 KEY WORDS café 카페 learner 학습자 fast learner 습득력이 좋은 사람, 빨리 배우는 사람 customer 손님, 고객 able ~할 수 있는 communicate 소통하다 take order 주문받다

카페에서 일해 본 적 있어요?

아라는 집 근처에 요즘 핫하다는 카페에 면접을 보러 갔다. 다른 카페보다 시급이 훨씬 높아서 꼭 그곳에서 일하고 싶었다.

Manager   Have you worked at a café before?

Ara   No, but I'm a fast learner.

Manager   A lot of our customers are English
          speakers.
          Are you able to communicate and
          take orders in English?

Ara   Of··· of course!
          Not a problem at all!

카페 매니저   카페에서 일해 본 적 있어요?
아라   카페는 처음이지만 뭐든지 아주 빠르게 배웁니다
카페 매니저   우리 가게는 외국인 손님들이 많이 와요.
           간단한 영어 회화와 주문받기 정도 할 수 있나요?
아라   그··· 그럼요! 잘할 수 있습니다.

Day 2

I can't fill myself up with soda.

오늘 대화에서 '콜라 먹으면 배불러'라는 말은 치킨을 먹어야 하는데 음료 수로 배를 채울 수 없다는 의미죠. 이럴 때는 **'fill up'**이라는 표현을 사용 하는데요 'fill up'은 '꽉 채우다'라는 뜻으로 'fill up with soda'는 '탄산음 료로 배를 꽉 채우다'라는 의미예요. **'fill myself up'**은 '스스로 배를 채 우다=배부르게 먹는다'는 말이죠. 'soda'는 콜라뿐 아니라 다양한 탄산음 료를 통틀어 말해요.

▶ 유튜브 레슨

 KEY WORDS
spiciness 매콤함   crunchiness 바삭함 slow down 속도를 줄이다, 천천히 해
fill up 가득 채우다   focus 집중하다   convenience store 편의점
head ~향하다, 가다   straight 곧장

콜라 먹으면 배불러.

면접을 보고 아라는 바로 건너편 건물에 있는 시호의 작업실에 들렀다. 시호는 아라가 좋아하는 치킨을 주문했다.

Ara   Wow. The spiciness followed by the crunchiness, Taco Chicken!

Siho   Slow down. Do you need a cup?

Ara   I can't fill myself up with soda.
I need to focus on the fried chicken.
Oh, by the way, I'm starting at the café tomorrow.

Siho   Aren't you working part-time at the convenience store at night too?

Ara   I can finish in the afternoon and head straight to the store.

아라   헉… 이건 바삭함 뒤에 매콤함이 올라온다는 타코치킨!
시호   천천히 먹어. 컵 줄까?
아라   콜라 먹으면 배불러. 일단 치킨에 집중해야지.
      아, 나 내일부터 요 앞 카페에서 일해.
시호   너, 저녁에 편의점 알바도 하잖아?
아라   오후에 끝나고 바로 편의점 가면 돼.

Day 3

You're
so gifted.

'재능 있다', '타고 났다'라는 표현을 앞에서도 몇 번 언급했는데요.
Week 1 Day 4의 'I was meant to be a musician'은 '난 음악가가 될 운
명이야 (타고난 음악가야)', Week 3 Day 5의 'amazing talent like you 너
같이 뛰어난 재능'이 있었죠. 'gifted'는 '신이 선물을 준 사람', 즉 '재능이 있
고 뛰어난'을 뜻하는데 천부적으로 타고난 재능이 있거나 머리가 좋다고
말할 때도 쓴답니다.

▶ 유튜브 레슨

**KEY
WORDS**

opportunity 기회   fluent 유창한   pursue 계획이나 목표를 밀고 나가다
on the side 부업으로   gifted 천부적인 재능이 있는   some sort of (정확히
설명하기 애매할 때) '~같은 거'처럼 붙이는 말. ~같은 것

너 정말 재능 있어.

시호는 치킨에 열중한 채 말하는 아라를 빤히 바라보았다. 온종일 아르바이트에 치여 사는 아라가 안쓰러웠다. 아라의 음악적 재능 또한 잘 알고 있기에 아라가 음악을 포기하지 않길 바랐다.

Siho **Did you have a chance to think about the Songi Music opportunity?**

Ara **Of course, I've been thinking about it. There's no way I can get fluent in English in six months.**

Siho **I don't think you should give up music, even if Songi Music doesn't work out. You're so gifted.**

Ara **No, I've already went on my last audition of my life. Anyway, how's 'Pardon' doing?**

Siho **He's on some sort of competition show. It's going to be on TV soon.**

시호 근데 내가 말했던 송이 뮤직은 생각해 봤어?

아라 당연히 생각해 봤지. 근데 무슨 수로 6개월 만에 영어를 잘하겠어.

시호 송이 뮤직이 아니더라도 음악은 포기하지 않았으면 좋겠다. 너 정말 재능 있어.

아라 아니야, 내 마지막 오디션은 이미 끝났어. 참, '파든'은 잘하고 있나?

시호 영어 서바이벌이라던데? 곧 방송도 한대.

Go get it!

한국어로 파이팅(파이팅)은 '잘 싸워' 혹은 '잘해'라는 응원이 담긴 말이죠. 하지만 영어로 'fighting'은 싸움이라는 뜻이에요. 상대를 응원하고 싶을 때 'Go get it'이라고 하면 '가서 원하는 걸 얻어', '쟁취해'라는 의미로 '이기고 와,' 파이팅', '할 수 있어'라는 의미로 쓸 수 있답니다. 비슷한 표현도 배워 볼까요.

'Go, Leo!=Let's go, Leo!' (Leo 대신 응원하는 사람의 이름을 넣어 보세요.)

KEY WORDS

confident 자신감 있는   simulation 시뮬레이션, 모의상황
session ~하는 시간   introduce 소개하다   **pretty well** 꽤 잘하다
practice 연습하다   interested in 관심 있는

파이팅!

한편 리오는 매일 두 시간씩 시뮬레이션 룸에 들어가 인공지능 TIFF와 대화했다. 그리고 시뮬레이션이 끝나면 혼자서 배운 내용을 다시 복습했다. 리오의 실력은 눈에 띄게 성장하고 있었다.

AI TIFF   Tomorrow's the day. Are you ready?

Leo   I'm now more confident after the daily simulation sessions.

AI TIFF   You can now introduce yourself pretty well, right?

Leo   We practiced that so many times, I'm sick of it. Just kidding! Anything that I'm interested in I can talk about it confidently.

AI TIFF   Go get it, Leo Kim!

AI TIFF   드디어 내일이네. 준비는 잘했지?

리오   매일 시뮬레이션을 했더니 자신감이 좀 생겼어.

AI TIFF   자기소개 정도는 이제 잘할 수 있겠지?

리오   그건 너무 자주 연습해서 이젠 질린다 질려.

       농담이고, 내가 관심 있는 주제는 자신 있게 말할 수 있어.

AI TIFF   김리오 파이팅!

How's your day going?

한국어로 가볍게 안부를 묻는데 마침 식사 시간이라면 '밥은 먹었어?' 하고 간단히 인사할 수 있죠. 영어로는 '밥 먹었어?'라는 표현 대신 안부 묻기용 표현으로 **'How are you?', 'How's it going?'** 또는 오늘 표현에 나온 **'How's your day going?'**라고 말해요. '잘 지내요?', '별일 없죠?', '요새 어떻게 지냈어요?'라는 의미랍니다.

▶ 유튜브 레슨

KEY WORDS real time 실시간   comments 댓글   app 휴대전화 앱, 애플리케이션
type 이상형   light up 환하게 만들다

오빠~ 밥 먹었어요?

합숙 시작 한 달 후, 드디어 첫 번째 탈락 미션이 있는 날이다. 참자가들은 각자 30분씩 라이브 앱에 접속해서 실시간으로 올라오는 팬들의 질문을 읽고 영상으로 소통한다. 첫 번째 탈락 미션, 라이브 앱 영어 소통이 시작되었다.

Leo   **Hi everyone, Leo!**

       Wow, so many of you are here.

Real time comments on Live app:

Moony   **Hi Leo!**

       How's your day going?

Joo   **You're really cute!**

       Please sing for us!

Hui   **Leo, what's your type?**

Leo   **Oh··· Someone with bright energy.**

       A person who can light up the room!

리오   여러분~ 리오예요. 와 많이들 들어오셨네요.

라이브 방송 실시간 댓글

문이   리오 님~밥 먹었어요?

퓨   멋있어요. 노래 불러 주세요.

휘   리오, 이상형이 어떻게 돼요?

리오   아, 이상형이요? 저는 밝은 사람이 좋아요.

       그냥 존재만으로도 같이 있는 사람까지 기분이 좋아지는 그런 사람이요.

Your dedication for the past month has paid off.

지난 한 달 동안은 **'past month'**, 시간과 공을 들여 실력을 갈고닦은 것을 **'dedication 전념'**이라고 해요. **'pay off'**는 '돈을 갚다', '빚을 청산하다'라는 뜻도 있지만 확장된 의미로 '성공하다', '그간의 고생이 결실을 맺다', '보상받다', '보람있다'라는 뜻으로 유감없이 실력을 발휘했을 때 쓸 수 있어요. '결실을 맺다'는 뜻을 강조하고 싶으면 'come to fruition'이라고 표현할 수 있습니다.

▶ 유튜브 레슨

KEY WORDS

dedication 전념, 헌신   past month 지난 달   pay off 청산하다

contestant 참가자   first place 일등   take the first place 1위를 차지하다

winner 우승자   I can't believe it 믿을 수 없어요

그렇게도 리오를 괴롭히던 '영어'라는 괴물은 더는 장애물이 아니었다. 리오를 응원해 주는 사람들의 에너지를 직접 들을 수 있는 고마운 연결고리였다.

MC Jooyoung	Thank you everyone for your hard work! Your dedication for the past month has paid off. The contestant that takes the first place today is⋯ Leo Kim! Congratulations, Leo! You're the winner!
Leo	Me? I can't believe it!

MC 주영   자, 수고하셨습니다.
지난 한 달 동안 갈고닦은 실력을 유감없이 발휘하셨는데요.
그럼, 오늘의 1위를 발표합니다.
김리오 연습생 1위입니다. 축하합니다.

리오   네에? 제가 1등이에요? 진짜요?

아랏차차 치킨파워!

두근두근 외국인 손님 야무지게 응대하기

영어 미션에서 1위를 한 그날 밤.

리오는 합숙소에 들어온 이후 처음으로 다리를 쭉 뻗고 누웠다. 입소 이후 매 순간 불안했다. 탈락하면 부모님의 뜻인 유학을 더는 미룰 수 없었다. 또한 생중계되는 화면 속에 로봇 영어를 하는 자신의 모습은 평생 이불킥을 한다 해도 지워지지 않을 것 같았다. 시간이 지날수록 늘어가는 팬들 또한 불안의 큰 원인이었다. 그들의 응원에 보답하지 못하는 것, 리오에게 가장 큰 두려움이었다.

리오는 시뮬레이션 영어를 습관처럼 연습했다. 샤워를 하면서도 걸을 때도 무슨 말을 할지 미리 상상해 보고 든든한 언어 창고를 만들어 갔다.

리오는 가슴 벅찬 기쁨을 느꼈다. 첫 미션에서 1등을 한 것도 기뻤지만 무엇보다 수많은 사람과 영어로 소통을 했다는 사실 때문이었다.

리오의 이상형 발표가 전파를 타고 있을 때, 아라는 아르바이트를 마치고 집으로 들어서고 있었다. 거실 티브이에서 리오의 목소리가 울려 퍼졌다.

 아라   와… 배고프다아… 다녀왔습니다.

 아라 동생   언니, 언니 이리와 봐. 빨리!
                 김리오 내 원픽인데 이상형도 착해 .

서바이벌 프로그램 속에는 그날 아라와 함께 오디션 현장에 있었던 많은 가수 지망생이 있었다. 아라와 같이 들어갔던 리오와 타이도 보였다.

 아라   '나만 여기 있네….'

방문을 닫고 들어온 아라는 무릎을 끌어안고 얼굴을 파묻었다.

문틈으로 티브이 소리와 동생의 웃음소리가 들려왔다. 아라는 이어폰을 꽂고 시호가 며칠 뒤에 가이드 녹음을 부탁한 노래를 재생했다. 드라마 OST라고 했다. 드라마는 큰 슬픔에 빠진 여자 주인공과 그녀의 곁을 지켜 주는 남자 주인공에 관한 이야기였다. 그 슬픔을 담은 멜로디가 아라의 마음을 움직였다.

아라는 혼잣말로 중얼거렸다.

 아라   **이쁜 주인공은 멋진 남자 주인공이 지켜 주고,**

이아라 너의 내일은…

이아라가 지킨다!

시호의 목소리로 불리워진 1차 영어 가이드에
아라는 마음을 담아 한글 가사를 지어 부르기 시작했다.

널 데리러 가

오늘도 널 데리러 가
근처라는 흔한 핑계로

지친 하루 끝에서
나를 보고 웃는 너
그런 널 보고 웃는 나
아쉬움에 느려지는 걸음
길 위를 가득 채운 마음

바래다줄게
아픈 오늘이 가고
반짝이는 너의 내일이 올 때까지

Day 1

So he's bragging about his strength?

오늘은 **'brag'**라는 단어를 먼저 배워 볼게요. 'brag'에는 '자랑하거나 뽐내다'라는 뜻이 있어서 'He's bragging about~' 하면 '저 남자 ~에 대해 잘난 척하네'라는 뜻이에요. 오늘의 표현 'bragging about his strength'에서 'strength'는 형용사 'strong 힘이 센'의 명사형으로 '힘'이라는 뜻입니다.

▶ 유튜브 레슨

KEY WORDS

shot (아주 작은) 한 잔   added 추가된   strong 힘이 센, 커피가 센(진한)
brag 자랑하다, 떠벌리다   random 무작위의, 형식이 정해진 것 없이 마구잡이 또는
임의로 결정될 때 쓰는 표현   extra 추가의

힘 자랑하는 거야, 뭐야?

다음 날, 아라는 아침 일찍 아르바이트 하는 카페로 출근했다. 빠르고 능숙하게 주문을 받다가 다음 손님 앞에서 순간 얼어붙었다.

Guest   I'd like an espresso shot added to that, please.

Ara   Excuse me? Can you say that again?

Guest   I like my coffee strong!

Ara   Strong? So he's bragging about his strength? How random!

Siho   Did you need an extra shot of espresso?

Guest   Yes!

Ara   Oh hey! When did you get here?

손님   아이드라꺼네스프렛쏘우 쉬아레디드렛, 플리이즈. (에스프레소 샷 추가요.)

아라   네? 다시 한번 말씀해 주실래요?

손님   알람마 커퓌 스트롱! (저는 커피 진하게 마셔요.)

아라   스… 스트롱?? 힘세다고? 자랑하는 거야, 뭐야. 뜬금없네

시호   에스프레소 샷 추가하신 거죠?

외국인   네!

아라   앗! 언제 왔어?

101

Day 2

I keep dozing off.

'잠을 자다'라는 말을 할 때 'sleep'를 주로 쓰지만 오늘의 표현 **'doze off'**는 '꾸벅꾸벅 졸거나 깜빡 잠이 들 때' 쓰는 말이에요. 'keep'은 어떤 일을 반복해야 할 때 쓰는데, 한두 번도 아니고 피로에 지쳐 여러 번 꾸벅꾸벅 조는 상황을 **'I keep dozing off'**라고 합니다.

 KEY WORDS   expect 예상하다   drop by 갑자기 방문하거나 가볍게 잠깐 들르다
down 기분이 처진, 기운 없는   doze off 졸다   obsession 집착   customer 손님

자꾸 잠들어 버려.

아라는 시호 덕분에 무너지는 멘탈을 겨우 붙잡을 수 있었다. 한 차례 바쁜 시간이 지나자 아라는 시호의 테이블에 잠시 마주 앉았다.

Ara   I wasn't expecting you.
        What great timing! Thank you so much.

Siho   I thought I'd just drop by.
        You look down.

Ara   I haven't had any fried chicken in the past few days. I keep dozing off. How sad is this?

Siho   Haha, you and your obsession with chicken!

Ara   Oh, there comes another customer!

아라   연락도 없이 언제 왔어?
       타이밍 대박. 너무 고마워.
시호   잠깐 들렀어. 근데 왜 이렇게 기운이 없어 보이냐.
아라   치킨을 며칠째 못 먹었어… 자꾸 잠들어 버려서. 너무 슬픈 이야기지.
시호   (웃음)아라는 치킨파워지 참.
아라   어, 손님오셨다.

Day 3

You're acting suspicious.

'**You're acting suspicious** 너 suspicious한 행동을 하네'라는 말로, 'suspicious'는 '의심스러운', '수상한'을 뜻합니다. 'act'는 '연기하다'라는 뜻에서도 알 수 있듯 '어떤 특정한 행동을 하다'라는 뜻이에요. 예를 들어 볼게요.

'**You're suspicious.** 너 수상해.'
'**You're acting suspicious.** 너 하는 짓이 수상해.'

KEY WORDS

cat food 고양이 먹이　outside 바깥의　shop 가게, 상점
I have no idea 모르겠어요　around 주위에, 주변에　during ~동안 내내
suspicious 의심스러운, 수상쩍은

너 수상한데??

아라는 녹초가 된 몸을 이끌고 또다시 씩씩하게 야간 아르바이트를 하러 편의점으로 향했다. 새로 들어온 물건을 정리하는데 뒤에서 싸한 기운이 느껴진다.

Mr. Park   Who keeps putting cat food outside of my shop?

Ara   Hi. I know! I have no idea.

Mr. Park   All these cats around the shop!

Ara   Well, it's cold.
Why don't we just let them be here during the winter?

Mr. Park   You're acting suspicious.

Ara   No, it's not me!

편의점 박사장   우리 편의점 근처에 자꾸 고양이 밥 두는 인간 대체 누구야!?
아라   오셨어요? 그러게 말이에요. 누… 누구지?
편의점 박사장   아우 정말 고양이 꼬여서 죽겠구만.
아라   …뭐 춥기도 하고. 겨울에만 그냥 두죠 뭐.
편의점 박사장   너 수상한데??
아라   저 아니에요!!

Are you on your way to the studio?

'You are on your way'라는 문장에서 **'on your way'**는 '갈 길 가는 중이다'라는 뜻이에요. 이동하는 사람이 목적지로 가고 있는지를 질문할 때 'Are you on your way?'라고 말할 수 있답니다. 예를 들어 볼게요. **'Are you on your way to work?** 너 일하러 가는 중이야?'

▶ 유튜브레슨

KEY WORDS

eat up 다 먹다   leave 남겨 두다   bowl 그릇, 통   diner 간이식당
scare 겁주다, 겁먹게 하다   on one's way to~ ~가는 길   quit 그만 두다

작업실 가는 중이야?

편의점 사장님이 돌아간 후 아라는 편의점 뒷골목에 쭈그리고 앉은 채 고양이들에게 둘러싸여 있다. 새끼 길고양이에게 한 달 전부터 먹이를 챙겨 주기 시작한 아라는 나지막하게 노래를 부르며 부쩍 자란 고양이를 바라본다.

Ara Eat up. I can't leave the bowls anymore.
You're so cute and getting so big!

Siho Working all day, everyday isn't enough,
now you started a cat diner?

Ara You scared me.
Are you on your way to the studio?

Siho Yeah. Ara, you're so busy.
Do you think you will still have time to
record?

Ara Of course! I've been practicing because
I love the song!

아라 얼른 먹어. 이제 밥그릇 두고 갈 수가 없어.
어구구 이뻐라. 아가도 이제 많이 커서 잘 먹네.
시호 아침부터 밤까지 이 동네 알바 다 하는 것도 모자라 고양이 식당까지?
아라 아고 깜짝이야. 작업실 가는 길이야?
시호 응. 아라야, 근데 이렇게 바쁜데 내일 가이드 녹음할 시간 있어?
아라 그럼! 나 그 노래 너무 좋아서 연습도 많이 했어.

Day 5

Can you email me the lyrics?

'메일을 보내다'라는 문장에서 '보내다'를 'send'로 바꿔서 'send an email' 로 쓸 수도 있지만 **'email'**이란 단어에는 '전자우편, 이메일'이라는 뜻 외 에도 '이메일을 보내다'라는 뜻이 있어요. 그래서 **'Email me'**라고 하면 '나한테 이메일 보내 줘'라는 뜻이 됩니다. 문자를 보낼 때도 **'send text messages'**라고 하거나 '문자를 보내다'라는 뜻의 'text'를 써서 간단하 게 **'Text me 나한테 문자 해'**라고 할 수 있어요.

▶ 유튜브레슨

KEY WORDS   lyrics 가사   submission 제출   along ~와 함께   producer 감독, 제작자

가사 메일로 보내 줘 봐.

고양이들이 배부르게 먹고 떠나자 아라와 시호는 편의점으로 들어갔다. 아라는 손님 없는 편의점에서 자신이 붙인 가사로 OST를 부르기 시작했다. 아라의 맑으면서 동시에 슬픈 목소리가 진심을 담은 가사와 어우러졌다. 시호는 넋을 놓고 들었다.

Siho   **Oh, new lyrics?**

I thought it was just a guide track in English?

Ara   **Oh, I wrote the lyrics when I was practicing.**

Siho   **This is amazing!**

I was just getting submissions for lyrics.

Can you email me the lyrics?

I'll send them along to the producer.

시호   그거 원래 가사 없었잖아?

그냥 영어 가이드였을 텐데?

아라   아 근데 내가 연습하려고 듣다가 멜로디가 너무 좋아서 가사를 넣어 봤어.

시호   너무 좋은데?

안 그래도 지금 가사 시안 받고 있거든.

그 가사 메일로 보내 줘 봐. 음악 감독님께 이 가사도 보내 볼게.

Day 6

Don't you dare!

'**dare**'는 '도전, 용기'라는 뜻으로 'I dare you to ~'는 누군가에게 도전을 제안하는 것인데요. 반대로 'Don't you dare'는 지금 당장 행동을 멈추게 하기 위한 표현으로 'Stop it! 하지 마' 혹은 '어딜 (감히)', '안 돼!'라는 뜻이 있어요. '**Never do that**'은 당장 그 행동을 멈추게 하기보다는 '나중에 하지 말라'는 의미가 더 강하게 느껴집니다. 만약 아라가 벌써 채널을 돌려서 엄마가 화가 났다면 'never do that again 다시는 이런 짓 하지 마'라고 말할 수 있겠죠.

KEY WORDS dare 감히 **gorgeous** 아주 멋진 **rerun** 재방송 **buzz** 윙윙 소리를 내다

called ~라고 불리다, 이름(제목)이 ~다

110

절대 안 돼!

아라는 OST 가사를 완성해서 보내라는 시호의 말에 가슴이 뛰는 걸 느꼈다. 아라가 집에 도착한 시각, 이번에는 아라 어머니가 리오가 나오는 서바이벌 프로를 다시 보기 하고 있었다.

Ara **What's so interesting about this?**
I'm going to change the channel.

Mom **Don't you dare! The gorgeous Leo!**
Must watch the reruns!
(Phone buzzes.)

Leo **Hey, what was the song you sang during**
the audition called?

Ara **I don't know if I should tell you or not.**

아라 뭐가 재밌다는 거지? 채널 돌려야겠다.
엄마 야야 절대 안 돼!
엄마 바빠서 본방도 못 봤는데 우리 얼굴천재 리오 재방 사수!
(윙 - 핸드폰 진동 소리)
리오 문자 야, 너 그때 오디션에서 불렀던 노래 제목 뭐지?
아라 문자 글쎄… 알려 줄까 말까.

Week 7

서바이벌 2차 미션 공개, 전쟁의 서막

말싸움도 연습이 필요해

리오는 아라의 프로필 사진을 눌러 보았다. 사진 속에는 보기만 해도 먹음직스러운 실물 치킨이 대문짝만하게 있었다.

  From. 리오   리오 님께서 '치킨 기프티콘'을 보내셨습니다.

 아라   **헉! 치킨을 선물하다니! 무조건 좋은 사람이라는 건데!?**

  From. 아라   안 그래도 지금 바로 알려드리려고 했는데!
노래 제목은 '초롱꽃'입니다!

리오는 플레이리스트에 담아 온 아라 목소리의 가이드 곡 'Delivery'를 여러 번 들었다. 신기하게도 긴장감 높은 서바이벌 과정 속에서 이 곡을 들으면 마음이 편안해졌다. 아라의 목소리를 듣다가 문득 아라가 오디션에서 불렀던 곡이 너무 좋아 감탄했던 기억이 났다. 시호 형에게 아라의 번호를 물어 곡 제목을 알게 된 후 리오는 '초롱꽃' 또한 열심히 들었다.

일정이 끝나고 어김없이 '초롱꽃'을 들으며 휴게실에서 쉬던 리오의 머릿속에 오디션에서 '초롱꽃'을 부르던 아라의 모습, 그리고 트로트를 부르던 모습이 차례로 떠올랐다. 그러자 피식 웃음이 나왔다.

 타이   **헐, 누군 아주 살만 한가 보다.**

그때 리오 옆으로 두 명의 참가자가 지나갔다. 프로그램에서 여신 같은 존재로 자리매김한 리즈, 리오와 같이 오디션을 봤던 타이였다. 두 사람은 비웃음을 머금은 채 리오를 바라보며 영어로 대화하기 시작했다.

112

리즈　Ty, how did Leo win when his English isn't even that good? You should've won, Ty.

(오빠, 리오는 영어 별로 잘하는 것 같지도 않은데 무슨 수로 1등 했지? 오빠가 1등 했어야 하는 거 아니야?)

자기 이름이 들리는 순간, 갑자기 타이와 리즈의 이야기가 크게 들리기 시작했다.

 타이　He was lucky this round.

His listening skills are poor, so if there's an interview round, he's definitely going home.

(이번 미션에서 운이 좋았지. 쟤 듣기는 완전 꽝이거든. 인터뷰 미션 같은 거 나오면 어차피 이번에 탈락이야.)

 리오　좋은 정보 감사. 인터뷰를 좀 더 연습해야겠네.

박타이. 근데 앞에서 대놓고 흉을 보는 건 좀 너무 하지 않아?

 리즈　아 뭐야. 다 알아들었나 봐. 어떡해.

리즈는 얼굴이 새빨개져서 종종걸음으로 멀어졌다. 타이는 리오를 노려보다 리즈를 찾는 척 조용히 사라졌다.

 리오　아니, 잠깐만. 근데 왜 갑자기 잘 들렸지? 내 귀에 통역 장치 달아 놨나?

Day 1
That sounds fun!

상대방의 말을 듣고 '그것 재미있겠다'라고 말할 때 'sound'라는 표현을 쓸 수 있는데요 'sound'는 '소리', '소리가 나다'라는 뜻 외에도 '~처럼 들린다'라는 의미도 있습니다. 'That sounds fun'은 소리로 정보를 들었을 때 '재밌겠다'라는 뜻이고, '시각'으로 정보를 접했을 때는 **That looks good** 그거 좋아 보인다**'**와 같이 **'look** ~처럼 보인다**'**를 써요.

▶ 유튜브 레슨

KEY WORDS

argue 말싸움하다 (arguing 말로 옥신각신 티격태격 싸우는 것)   skill 기술
you know 알다시피   fashionista 패셔니스타   argument 논쟁
quite a few 꽤 많은   competition 경쟁   reality show 리얼리티 쇼

재밌겠네.

영어를 아직은 잘 알아듣지 못하지만 자기 흉보는 건 기가 막히게 알아들은 리오가 속상하고 답답한 마음에 시뮬레이션 룸을 찾았다. 그리고 TIFF에게 방금 있었던 일을 얘기했다.

AI TIFF **So, what did you say?**

Leo **Ugh, but I couldn't say a word in English.**

AI TIFF **Arguing is a skill, you know.**
Then, how about studying with 'Korea's top fashionista?'
The contestants get into quite a few arguments.

Leo **A competition reality show?**
That sounds fun!

AI TIFF 그래서 넌 뭐라고 했는데?
리오 하… 근데 난 영어로 한 마디도 못했어.
AI TIFF 말싸움도 기술인데, 그럼 이걸로 공부하는 건 어떨까?
도전, 최고의 패셔니스타! 도전자들끼리 엄청 싸우거든.
리오 모델 서바이벌? 재밌겠네.

Why are you so overdramatic?

'drama'는 연극이나 드라마 또는 그런 극적인 작품을 말하죠. 'dramatic' 은 '극적이다', '과장하다'라는 뜻으로 'Why are you so dramatic?'이라고 하면 '너 왜 이렇게 오버해?'라는 말입니다. 한술 더 뜬 **'overdramatic'** 은 '지나치게 극적인'이라는 표현으로 '왜 이렇게 지나치게 오버하고 그래!' 라는 뜻이죠.

KEY WORDS

look 보기, 눈길　straight 곧바로, 솔직히

talk behind someone's back 뒷담화하다　stir the pot 문제를 들쑤시다

overdramatic 지나치게 극적으로 만들다, 과장하다

왜 그렇게 오버하는 건데?

TIFF의 추천대로 리오는 모델 서바이벌 쇼 '도전, 최고의 패셔니스타'를 시청했다. 합숙생활을 하는 모델들이 서로 기싸움을 하며 말하는 표현들을 반복해서 돌려 보고 연습했다.

Model 1 **Why are you giving me that look?**

Model 2 **What are you talking about?**

Model 1 **If you have something to say, say it straight to my face!**
Don't talk behind my back!
Why are you stirring the pot?

Model 2 **What's your problem? Why are you so overdramatic?**

Model 3 **Cut it out, you guys!**

모델1   너, 나 왜 그렇게 쳐다봐.
모델2   내가 뭘?
모델1   하고 싶은 말 있으면 똑바로 얘기해.
　　　　뒤에서 숨어서 남 욕하지 말고! 왜 시비를 걸어?
모델2   넌 뭐가 그렇게 불만이야? 왜 그렇게 오버하는 건데.
모델3   야! 제발 좀 그만해!

117

You can't capture that beauty in your photos.

영상을 한 컷의 이미지로 담아낼 때 '캡처한다'고 하죠. **'capture that beauty'**는 '아름다움을 사진이나 영상에 담아내다'라는 뜻입니다. 예를 들어 볼게요. 'You can't capture that beauty'라고 하면 '아름다움을 담아내지(표현하지) 못하네요'라는 뜻입니다. **'in your photos** 사진에서**'** 라는 표현은 멋진 실물에 비해 사진발이 잘 받지 않거나 모델로서 사진 촬영 결과물이 좋지 않을 때 쓸 수 있습니다.

▶ 유튜브 레슨

KEY WORDS

forward 앞으로   proportion 비율   quick wit 센스, 순발력, 눈치

gorgeous 외모가 훌륭하고 굉장히 매력적인   capture 포착하다, 카메라에

담아내다   beauty 아름다움   unfortunately 유감스럽게도

118

리오는 매일 '도전, 최고의 패셔니스타' 영상을 10분 분량으로 나눠서 수없이 반복해서 보았다. 처음엔 한국어와 영어 자막을 함께 보고 그다음에는 한국어 자막 없이 영어 자막만, 그다음에는 아예 자막 없이 보며 반복해서 표현을 익혀 나갔다.

Tara June, Hanbin, please step forward.

June, you have a perfect body, amazing proportions.

But I'm not sure if you have the quick wit to be a model.

Hanbin, you are gorgeous.

But you can't capture that beauty in your photos.

Unfortunately, this is the last day for⋯.

June. Thank you for your time.

Goodbye.

타라 준, 한빈, 앞으로 나와 주세요.

준은 완벽한 몸매 비율을 가졌어요.

하지만 과연 모델 다운 센스가 있는지는 의문이 들어요.

한빈은 정말 잘생겼어요.

그런데 사진으로는 잘 표현하지 못하는 것 같아요.

그래서 오늘의 탈락자는⋯.

준, 안타깝게도 여기까지입니다. 수고했어요.

119

Don't forget to keep brushing up on your English skills.

'**Don't forget**'은 '잊지 마세요', '**keep**'은 '계속해서 그 상태를 유지하다'라는 뜻입니다. '**brush up**'은 '학문이나 기술을 갈고닦다'로 '**Keep brushing up**' 하면 '계속해서 열심히 공부해라'를 의미합니다. 오늘 표현에서는 퍼포먼스를 준비하느라 원래 목표인 '영어 실력 향상'을 소홀히 하지 말고 꾸준히 실력을 늘리라'는 의미로 쓰였어요.

Surprise 놀랐지?　stop by 잠시 들르다　heads up 귀띔하다, 미리 알리다
group 그룹, 무리를 나누다, 팀을 나누다　show off 자랑하다, 뽐내다
keep (특정한 상태를) 유지하다　brush up 학문을 연마하다

영어를 소홀히 하지 마세요.

리오가 숙소에 돌아왔을 때 거실은 시끌시끌했다. 영어 서바이벌의 사회자이자 전 세계에서 주목받는 실력파 케이팝 뮤지션, 주영이 숙소에 깜짝 방문해 두 번째 미션 주제를 공개하고 있었다.

MC Jooyoung

Surprise, everyone!

I know you weren't expecting me to stop by.

I wanted to give you a heads up.

The next mission will be group auditions!

You'll be grouped into three teams.

And you'll have a chance to show off your singing and dancing.

Oh, and don't forget to keep brushing up on your English skills too!

MC 주영

여러분, 제가 숙소로 찾아와서 좀 놀라셨죠?

지금 바로 다음 미션을 알려드리겠습니다.

바로 팀 대항 오디션입니다.

총 세 팀이 될 거고요.

여러분의 노래와 춤 실력을 마음껏 뽐낼 시간입니다.

아, 그렇다고 영어를 소홀히 하지는 마세요.

Day 5

No one can beat us.

'**beat**'에는 '비트', '박자', '때리다' 외에도 '게임에서 이기다'라는 뜻이 있어요. 그래서 'No one can beat us'라고 하면 '아무도 우리를 못 이겨'라는 뜻이 됩니다.

 KEY WORDS   obviously 확실히, 명백히   beat 이기다   more 더   trust 신뢰하다, 믿다
on your mind 마음에 있는

무조건 우리가 이겨.

대부분의 참가자는 퍼포먼스에 초점을 맞추는 분위기였다. 하지만 리오는 뭔가 미심쩍었다. '갑자기 퍼포먼스? 잠깐, 영어도 소홀히 하지는 말랬는데.'

Ty   Obviously a pop song in English, right?

Liz   Great. No one can beat us two with singing and dancing.

Suha   Leo, I think it should be you, me, and Chanwon.

Leo   Ok. I think we can do more.
I have an idea. Do you guys trust me?

Suha, Chanwon   Yeah! What's on your mind?

타이   보나 마나 팝송 준비하면 되는 거겠지?

리즈   잘됐다. 오빠랑 나랑 둘의 퍼포먼스면 상대가 누구든 무조건 우리가 이겨.

수하   리오 형, 찬원이랑 우리 셋이 같이해요.

리오   좋아. 내 생각엔 분명 뭐가 더 있을 것 같아.
나한테 아이디어가 있는데 너희 내가 하자는 대로 따라 줄 수 있어?

수하, 찬원   좋아요, 형. 우리 뭐 하면 돼요?

There's a twist.

예상 못했던 요인으로 일의 형세가 뒤바뀌는 것을 반전이라고 하죠.
'twist'는 꼬이거나 굴곡이 있는 것을 말하는데요. 일이나 상황이 예상 밖
으로 전환될 때도 사용하죠. '생각지도 못했지?', '깜짝 놀랄 거야'라는 의미
로 'There's a surprise'도 비슷하게 사용할 수 있어요.

KEY WORDS

showcase 신인·신상품을 소개하는 특별 공연 또는 그런 공연을 하다

twist 예상 밖의 전개   each other 서로   judge 심사 위원

evaluate 평가하다   while ~하는 사이에   score 점수

반전이 있습니다.

리오는 수하, 찬원과 함께 퍼포먼스 연습이 끝나면 리얼리티 쇼 영상과 자료를 보며 영어 공부에 열중했다. 드디어 두 번째 탈락 미션이 시작되었다.

MC Jooyoung

Today's the day!

The three teams will showcase the performance.

But there's a twist!

You will be each other's judges.

The other two teams will be evaluating your performance while you're on stage.

The total score will be from your performance and the English comments you give.

All contestants

Oh no!! This is over for us.

MC 주영

드디어 오늘이죠.

세 팀이 퍼포먼스를 선보이는 날입니다.

사실 반전이 있습니다!

바로 상대 팀이 여러분의 심사 위원이 되는 거죠.

한 팀이 무대를 하는 동안 다른 팀 인원들은 심사 위원이 되어 평가해야 합니다.

여러분의 퍼포먼스와 영어 심사평을 합산하여 최종 탈락 후보를 결정하겠습니다.

참가자 전원 아, 망했다.

Week 8

넌 그딴 말이 재밌어?

자칫하면 비난, 제대로 비평하기

영어 서바이벌의 두 번째 탈락자 미션이 시작되었다.

리오, 수하, 찬원으로 이루어진 남성 팀 'Art', 혼성 듀오인 '리즈와 타이' 그리고 3인조 여성 그룹 'Foxy Fox' 이렇게 세 그룹으로 나눠 서바이벌이 진행되었다. 각 팀은 무대에서 멋진 퍼포먼스로 심사 위원의 표를 획득해야 했다. 동시에 상대 팀을 영어로 평가해야한다는 압박감에 머릿속이 하얘졌다.

 MC 주영 **자, 그럼 첫 번째로 ART 팀 먼저 무대 준비해 주시기 바랍니다. 리즈와 타이, Foxy Fox는 무대 아래 마련된 심사 위원 석에 앉아 주세요.**

리오, 수하, 찬원은 무대에 올랐다. 리오는 숨을 깊게 들이마셨다. 이상하리만치 차분하고 안정적인 모습이었다. 리오는 어두운 무대 위에서 두 눈을 감고 조용히 귀를 기울였다.

팟!

핀조명의 불빛이 리오를 향하자
리오가 눈빛을 발사한다.

"No one can beat us~ yeah~ 그 누구도~"

그 시각, '더 디퍼런스 TV'로 실시간 중계되는 영상을 지켜보던 아라의 아버지는 감탄사를 쏟아 내고 있었다.

 아빠 **쟤 눈빛 좀 봐. 살아 있네, 살아 있어.**
아라야, 빨리 와서 앉아 봐. 저저… 고음 쭉쭉 뻗는 거 봐.

 아라 **누구, 또 김리오?**

아빠 　역시, 내 촉이 틀리지 않았어. 저 녀석 무대 부숴 먹는다.

 아라 　무대 씹어 먹는다… 뭐 이런 말 하고 싶었던 건 아니죠?

 아빠 　씹어 먹든 부숴 먹든 볶아 먹든 김리오는 대성한다.
　　　　봐라, 아빠 말이 맞나, 틀리나?

 아라 　아 맞다!

 아빠 　그래 맞지? 틀림없다니까.

아라는 꿈을 포기하지 않고 지켜 나가기로 굳게 마음 먹었지만 여전히 서바이벌 프로그램을 편히 볼 수 없었다. 나만 내려놓은 꿈이 나머지 모두를 태우고 저 멀리 달려가는 것 같아 가슴이 아렸다. 이런저런 생각 끝에 예전에 리오가 보내온 '뇌물치킨' 기프티콘이 생각났다. 치킨이 필요해. 오늘은 절대 잠들지 않고 치킨을 먹을 테다!

그때 시호에게 전화가 왔다.

 시호 　아라야! 드라마 OST 가사 블라인드로 뽑았는데 네 가사가 제일 많은
　　　　표를 얻어서 결정됐어! 수정 조금만 하면 될 것 같은데?
　　　　작사가 데뷔 축하해!

 아라 　뭐, 뭐야! 악!!!!!!

아라는 그날부터 가사 수정에 들어갔다. 한 글자 한 글자 놓치지 않고 정성스레 가사를 다듬어 냈다. 이제 가수만 정해지면 녹음 후 드라마에 삽입되고 음원으로 발매될 일만 남아 있었다. 아라는 마음 같아서는 옥상에 뛰쳐 올라가 소리치며 자랑하고 싶었다. 하지만 행여나 없던 일이 될까 봐, 아무에게도 말하지 못하고 음원 발매 일만을 하루하루 손꼽았다.

Day 1

He truly stood out.

여러 명이 모두 앉아 있는데 혼자 서 있다면, 그 사람이 눈에 띄겠죠?
'stand out'은 '튀어나오거나 눈에 확 띈다'는 뜻으로 'He stands out'
은 '그는 특출나', '뛰어나', '독보적이야'라는 표현입니다. 'stood out'은 과
거형이에요. **'truly'**는 '정말로, 진심으로'라는 뜻으로 긍정적인 표현을
강조하고 싶을 때 함께 쓸 수 있답니다.

KEY WORDS

comment 언급, 지적   softness 부드러움   fierceness 격렬함, 맹렬함

grace 우아함   stood out (stand out의 과거형) 눈에 띄다, 도드라지다

captivating 매혹적인, 마음을 사로잡는

독보적이었어요.

리오, 수하, 찬원 세 사람의 무대가 끝났다. 리오는 숨을 몰아쉬었다. 그러면서도 시선은 카메라를 향했다. 리오 특유의 날카로운 눈빛과 입가에 살며시 떠오른 미소가 어우러졌다.

MC Jooyoung	**Juri from Foxy Fox, any comments on Leo?**
Juri	**There's a softness in his dance. I could feel the fierceness and grace.**
Su-yeon	**I agree. You all did a great job, but Leo truly stood out. Your dance performance was captivating.**
Lip-jee	**Leo, you're Jack of all trades!**

MC 주영   Foxy Fox의 주리부터 김리오 참가자에 대해 말해 볼까요?
주리   리오의 춤선은 곱고 섬세해요.
         부드럽지만 강한 힘이 느껴졌어요.
수연   맞아요.
         다 잘하셨는데 특히 김리오 씨는 독보적이었어요.
         리오 씨 춤에 확 사로잡혔어요.
입지   리오 씨는 팔방미인이네요.

I didn't f ind it impressive at all.

'**impressive**'는 인상 깊거나 감명 깊을 때 쓸 수 있는 표현이죠. 그래 서 '난 인상적이라는 생각이 들지 않네요'라는 의미로 '별로 대단할 것도 없는데요?', '시시한데요?'라는 말을 하고 싶을 때 'not impressive'라고 할 수 있어요. 'I did not(didn't) find it impressive'에서 'find'는 '찾다'라는 뜻보 다 '알아내다', '생각하다'는 뜻에 더 가까워요. 비슷한 표현을 배워 볼까요. '**I'm not impressed.** 딱히 인상적이지 않아서 별로예요.'

completely 완전히, 전적으로   agree with 동의하다
disagree with 반대하다   impressive 인상적인   point out 지적하다
vibe 분위기

130

별로인데요.

리오에 대한 Foxy Fox의 호평이 이어지자 타이는 표정 관리가 안 됐다. 하지만 곧 타이의 심사평 차례가 되자 그는 기다렸다는 듯이 혹평을 퍼부었다.

Ty   I completely disagree with you.

I didn't find it impressive at all.

He's not at the level of the original song.

Liz   I agree with Ty.

I want to point out his outfit too.

It feels so old.

I don't think he understood the vibe of this
song.

타이   제 생각은 전혀 달라요.
이번 무대는 마음에 드는 구석이 하나도 없던데요.
실력 미달입니다. 원곡이랑 너무 비교돼요.

리즈   동감이에요. 전 패션도 지적하고 싶어요.
좀 촌스러워요. 콘셉트를 제대로 이해하지 못했네요.

One of you is not as fit as the other two.

'fit'은 '크기나 사이즈가 딱 맞거나 어울릴 때' 쓰는 표현이에요. 사람에게 'fit' 하다고 하면 몸매가 탄탄하고 아름다우면서 체격도 좋은, 즉 건강미가 넘친다는 뜻입니다. 'as fit as the other two'는 다른 두 사람처럼 건강미가 넘친다는 표현으로, 'one of you 여러분 중 한 명'은 'not as fit as the other two 다른 두 명과 비교했을 때 날씬하지 않고 체력이 떨어진다'는 의미가 되겠죠.

both 둘 다   sing along 노래를 따라 부르다   entire 전체의
a bit of 약간   eyesore 눈에 거슬리는 것, 흉한 것   fit 건강미가 있다

셋 중에 한 분이 건강미가 떨어지네요.

다음 평가할 무대는 Foxy Fox였다. 세계적으로 인정받는 케이팝 걸 그룹 A.I.U의 노래를 안정적으로 커버했다.

Suha
It's not easy to be good at both singing and dancing.
All three did a great job.

Chanwon
Great teamwork.
I was singing along the entire time.
Thank you.

Ty
Well, it was okay.
You might want to watch your diet.
One of you is not as fit as the other two.
It was a bit of an eyesore.

All
Woah! How could he say something like that?

수하   춤과 노래를 동시에 소화하기 쉽지 않죠. 그런데 세 분 다 잘하셨어요.
찬원   팀워크가 좋았어요. 무대를 보는 내내 기분 좋게 따라 불렀습니다. 수고하셨어요.
타이   그럭저럭 괜찮았어요. 그런데 몸매 관리를 좀 하셔야겠어요.
         셋 중에 한 분이 건강미가 좀 떨어지네요. 좀 보기 민망하던데요
참자가 일동 어떻게 저런 말을…?

You need to take that back.

'take back'이란 표현에서 'back'에는 '다시', '과거로 거슬러서'라는 뜻이 있어요. 그래서 **take back** 하면 '되돌리다', '취소하다', '철회하다'처럼 기존에 잘못한 것을 바로 잡아야 하는 상황에서 쓸 수 있죠. 'Take it back!'이라고만 말해도 '(그 말) 취소해!'라고 뜻은 통하겠지만 조금 점잖게 말하고 싶다면 앞에 'You need to'를 붙여서 '취소하시죠'라고 하면 됩니다.

▶ 유튜브 레슨

KEY WORDS   true 진짜의, 사실의   review 소감   attack 공격하다   contestant 참가자
apologize 사과하다   honest 솔직한   unbelievable 믿을 수 없는

그 말 취소하세요.

심사평을 하랬더니 몸매 평가와 아무말 대잔치를 하는 타이 때문에 다들 당황해 얼어붙었다. 그때, 리오가 단호하게 타이를 제지하며 나섰다.

Leo **What did you say, Ty?**
You need to take that back.

Ty **It's true! Was it just me?**
All I could think was the 'pretty one' and the 'big one'.

Leo **We were asked for reviews, not to attack the contestants.**
You need to apologize.

Ty **I was just being honest.**

Leo **Unbelievable.**

리오 타이 씨 지금 뭐라고 했어요? 그 말 취소하세요.

타이 사실이잖아요. 저만 그렇게 느꼈나요?
솔직히 '예쁜 애 옆에 큰 애(안 예쁜 애)' 하면서 봤어요.

리오 심사평을 하랬지, 누가 비하 발언을 하랬어요.
사과하세요.

타이 아니, 솔직한 게 죄가 됩니까?

리오 어처구니가 없네.

Day 5

It was
a feast for
the eyes
and ears.

'feast'는 '축제나 잔치 또는 푸짐한 잔칫상'이라는 뜻이에요. 멋진 공연을 보고 눈과 귀가 호강했을 때는 'a feast for the eyes and ears'라는 표현을 써서 '눈(eyes)과 귀(ears)를 위해 잘 차려진 잔칫상 혹은 축제와 같다'고 표현할 수 있습니다.

▶ 유튜브 레슨

KEY WORDS

feast 축제   place 등수   knew (know 알다의 과거) We knew it 그럴 줄 알았어
improved 실력이 늘다   quite a bit 꽤 많이   combined 통합한
fluent (언어 실력이) 유창한

136

눈 호강 귀 호강.

두 번째 미션 경연의 모든 순서가 끝났다. MC 주영은 심사 위원들이 매긴 퍼포먼스 점수를 보고 순위를 발표했다.

MC Jooyoung
It was a feast for the eyes and ears. Second place is ART, and first place goes to T&M.

Ty and Liz
We knew it!

MC Jooyoung
Everyone's English has improved quite a bit!
With English scores combined, the winners are ART, who all are speaking fluent English!
Therefore, no one from ART goes home today.

MC 주영 오늘은 눈 호강 귀 호강하는 날이네요.
        2위 팀은 ART, 1위 팀은 타이와 리즈입니다.
타이와 리즈 역시!
MC 주영 그리고 여러분 영어 실력이 많이 늘었던 걸요?
        영어 심사평 점수를 합산한 결과,
        1위 팀은 모든 멤버가 수준급 영어를 보여준 ART입니다!
        따라서 ART 팀에는 오늘 탈락자가 없습니다.

It's not worth it.

'worth'는 '금전적으로 ~얼마의 가치가 있는' 또는 '어떤 일을 해볼 만한 가치가 있는'을 의미해요. 'It's not worth it'이라고 말하면 '그럴만한 가치도 없어', '상대할 가치도 없어', '말 섞을 가치도 없어'라는 뜻이죠. 그래서 '말도 섞지 마 (그럴 가치도 없어)'라고 말하고 싶을 때 쓸 수 있는 표현입니다.

▶ 유튜브 레슨

KEY WORDS pick a fight 싸움을 먼저 일으키다, 시비 걸다   insult 모욕하다   joke 우스개, 농담
funny 우스운, 웃기는   worth ~가치가 있는   kidding 농담

말도 섞지 마.

타이는 재대결에서 영어 강자 수연과 붙어 결국 최종 탈락했다. 타이는 오디션부터 서바이벌 탈락까지 이 모든 게 리오 탓인 것만 같았다.

Ty   **Leo. You were just picking a fight, weren't you?**

Leo   **What are you talking about?**
        You were insulting people first.

Ty   **It's all a joke.**

Leo   **How's any of that funny?**

Chanwon **Leo, it's not worth it. Let's go.**

Ty   **He's got to be kidding me.**

타이 김리오. 아까 너 내 심사평 일부러 시비 건 거지?

리오 그건 또 무슨 소리야. 네가 먼저 외모 비하 발언했잖아.

타이 난 웃자고 한 얘기였어.

리오 재미? 넌 그딴 말이 재밌어?

수하 형, 그만해요. 말 섞지 마요. 가요, 가.

타이 와… 저게 진짜.

농담이를 부탁해!

번역기보다 빠르고 정확하게, 할 말은 해야 해

리오는 타이 때문에 기분이 좋지 않은데 엄마에게 온 문자를 읽고 더욱 기분이 다운되었다.

 From. 엄마

> 강아지가 밥을 안 먹어. 꼭 너 같이 힘들게 하네.
> 그렇게 왜 강아지는 데려다 놔서….

두번째 미션 우승으로 외출권을 얻은 리오는 급히 집으로 향했다. 리오가 집에 도착했을 때 하이힐에 세련된 정장을 차려입은 리오의 엄마가 대문을 열고 외출을 하던 참이었다.

 리오 **어디 가세요?**

 리오 엄마 **넌 오면 온다고 말을 하지. 암튼 엄마 지금 좀 급해서… 나중에 보자!**

리오는 멀어지는 엄마를 바라보며 혼잣말을 되뇌었다.

 리오 **늘 그런 식이지….**

금융기업 임원인 리오의 엄마와 아빠는 리오가 어릴 때부터 집에 머무는 시간이 거의 없었다. 계속해서 바뀌는 시터들에게 정을 주지 않고 부모님의 손길을 그리워하며 자란 리오였다. 리오의 부모님은 단 한번도 리오와 리오의 꿈을 이해하려고 하지 않았다. 젊은 날의 치기 어린 꿈이라고만 생각했다. 부모님이 밟았던 엘리트 코스를 밟아 번듯한 전문직이 되기만을 바랐다. 그를 위한 과정인 유학을 준비하면서 정작 리오 본인에게는 한 마디 상의도 하지 않았다. 다만 통보할 뿐이었다.
리오는 유학을 가기 전에 마지막으로 오디션에 참가하겠다고 했다.

리오　저 오디션 보고 올게요. 그리고 오디션 떨어지면 그땐… 유학 갈게요.

 리오 아빠　어허 오디션 같은 소리! 시간 낭비하지 말고 그냥 유학 가라.
아빠가 바쁜 와중에 유학원 하는 지인한테 다 알아보고 없는 자리 만
들어서 준비한 건데. 이 녀석이 아직 정신 못 차리고….

 리오 엄마　잠깐만요.
너 떨어지면 군말 없이 유학 간다고 약속한 거야? 다른 말 하기 없다.
그냥 둬요. 어차피 떨어질 건데 뭐.

엄마의 말에 리오는 이를 악물었다. 이 모든 이유로 리오에게 오디션과 서바이벌 과정은
절박했고, 리오의 부모님은 응원은커녕 리오가 탈락 후 조용히 유학을 가기만을 기대하고
있었다.

엄마가 시야에서 사라지자 리오는 얼른 집안으로 들어가 농담이를 찾았다. 리오를 본 농
담이는 기쁨을 감추지 못했다. 폴짝폴짝 뛰다가 리오의 발을 핥다가 배를 드러내고 드러
누웠다. 리오는 한참 동안 농담이를 끌어안고 있었다. 홀쭉해진 농담이의 등 아래로 뼈가
만져졌다.

 리오　야, 너 이러다 쓰러지겠다. 왜 이렇게 말랐어. 어서 밥 먹어.

리오는 농담이가 좋아하는 간식과 사료를 잔뜩 꺼내 왔다. 농담이는 리오의 손길을 받으
며 순식간에 밥그릇을 비워 냈다.

저녁 10시. 리오와 농담이가 재회한 그 시각, 아라는 카페 알바를 마치고 편의점에서 열
심히 물건을 정리했다. 그 후 잠시 손님이 없는 틈을 타 작사 습작을 하고 있었다. 영어 가
사가 종종 들어가야 하는데 영어 실력이 부족하다는 사실이 또다시 아라를 힘들게 했다

 아라　아… 발목 잡는 물귀신 영어 진짜….

그때 뒤에서 묘한 기운이 느껴진다. 혹시 이 느낌은…?

외국인 **Excuse me. Where is the beer?**

 아라 **웨얼… 비어? 아! 맥주 어딨냐고요? 오오, 저저저저기! There!**

 외국인 **Is this a buy 2 get 1 free?**

혁, 이런. 아라는 살며시 핸드폰 번역 앱을 틀었다.

 아라 **2개 사면 하나 공짜…? 아… Buy 2 Get 1이라는 건가?**
아, 진작 투플러스 원이라고 하지. '2+1'은 콩글리시인가?'
이거 노! 옆에 옆에 거. 예스. 네 그… 그거요. 옆에 거요!

 번역기 **Should I turn off the switch next to it?**
(이거 옆에 것 꺼요?)

'옆에 있는 물건이 행사 상품이에요'라고 전달하고 싶었던 아라의 마음과 달리
번역기는 "옆에 것 (스위치를) 꺼"라고 엉뚱한 답변을 쏟아 냈다.
아라는 직접 손님이 있는 맥주 진열대로 가서 '2+1'인 맥주를 손으로 집어 건네주었다.
외국인 손님은 그제서야 이해했다는 표정으로 계산을 마치고 가게를 떠났다.

 아라 **외국인 손님이 떠난 후 아라의 머리 위로 스팀이 올라오고 있다.**
'하… 이 실력으로 오디션도 떨어졌고, 송이 뮤직도 떨어질 게 뻔하잖아!
자꾸만 발목 잡는 영어!'

아라는 고개를 푹 숙인 채 한숨을 내뿜었다. 세상 시름 전부 안은 얼굴로 고개를 들었을
때, 문밖에서 고양이들이 쪼르륵 아라를 보고 있었다. 아라의 눈에 반달웃음이 떠올랐다.
"헤헤."
아라는 얼른 고양이들 밥을 들고 나갔다.
고양이들이 아라 주변으로 몰렸다. 아라는 고양이들에게 밥을 주며 편의점에 손님이 오는
지 계속 지켜보고 있었다. 제법 자라 아기티를 벗은 고양이들은 밥도 더 빠르게 먹었다.

 아라 **귀여워….**

아라는 자기도 모르게 반달눈으로 웃었다.

그때였다.

"끼이이이이이이이이이익~!"

편의점 앞 도로에서 날카로운 소리가 울려퍼졌다. 빨간색 스포츠카가 중형 세단 앞을 가로막은 채 급정차 하는 장면을 보았다. 두 차는 충돌하기 직전에 멈춰 섰고 빠른 속도로 달리던 스포츠카가 급정차하며 멈춘 상황이라 조금만 늦었어도 큰 사고가 날 뻔했다.

 아라　**아우 깜짝이야. 하마터면 큰일 날뻔했네. 다친 사람은 없나?
어? 근데 쟤는 농담이 아니야?**

사고가 날 뻔한 현장을 살펴보던 아라는 중형 세단 조수석에서 농담이를 발견했다. 그리고 운전석에는 모자를 푹 눌러 쓴 채 놀라서 얼음이 된 리오가 상당히 곤란해하며 앉아 있었다.

 아라　**어? 김리오? 쟤가 왜 여기 있지?**

 스포츠카 운전자　**야! 이 건방진 녀석이 어디서 내 라인을 물고 가?**

스포츠카 운전자는 중형 세단 운전석으로 다가가 주먹으로 세게 유리를 내리쳤다.

 스포츠카 운전자　**너 같은 건 혼쭐이 나야 정신을 차리지. 어때 너도 당해 보니까?
빨리 내려. 안 내려!**

중형 세단을 내리치는 손이 점점 더 거칠어졌다.

 아라　**근데 뭐야. 저 빨간 차가 보복 운전했네. 와, 스팀 재가동!
안 되겠다.**

Day 1

I can't just sit back and watch.

'sit back'은 '편안하게 자세를 잡고 앉는다'는 뜻으로 '일에 개입하지 않고 편하게 신경 안 쓰다'는 의미도 있습니다. 오늘 표현처럼 'I can't just sit back and watch'라고 말하면 '나 혼자 편하게 앉아서 지켜만 볼 수는 없다'라는 뜻이 되겠죠.

 KEY WORDS retaliation 보복, 앙갚음   black box 자동차 블랙박스
sit back 편안히 있다, 가만히 있다   weirdo 괴짜   consider ~로 생각하다, 여기다

144

도저히 그냥 지나칠 수가 없네요.

아라는 동영상을 켜고 리오의 차 창문을 위협적으로 두드리는 빨간 스포츠카 운전자에게 다가갔다. 그리고 겁도 없이 마치 실시간 방송 중인 너튜버처럼 스포츠카 운전자에게 말을 걸었다.

Ara   Ok, so you're saying this was retaliation.

Driver   What? Who are you?

Ara   You have a black box, right?
Let's go to the police.
I can't just sit back and watch.

Driver   What? You weirdo.
Consider this your lucky day!

Leo   Oh? Ara?

아라   아, 그러니까 지금 보복 운전하셨다고 말씀하신 거네요?
스포츠카   뭐…? 뭐야 너는?
아라   여기 블랙박스 있죠? 자 이제 갑시다. 경찰서로.
목격자로서 도저히 그냥 지나칠 수가 없어서요.
스포츠카   뭐…? 어디서 이상한 게 나타나서는….
너 진짜 재수 좋은 줄 알아라!
리오   어… 이아라…?

Day 2

I stepped in.

'step'은 '발걸음을 떼고 움직이다'라는 뜻으로 **'step in'**이라고 하면 '어떤 장소 안으로 들어가다'라는 의미입니다. 그러나 장소가 아닌 상황이 주제일 때는 '그 일에 발을 들이다'는 의미로 '일을 해결하기 위해 돕거나 개입한다'는 말이죠.

 KEY WORDS belly up 배를 보이다   genius 천재   fight 싸움   space out 멍해 있다

step in 개입하다, 돕고 나서다   while 얼마간

찻길을 막았던 스포츠카가 '윙' 소리를 내며 떠나자 리오는 주차 후 농담이와 아라의 편의점으로 들어왔다. 리오가 딱히 잘못한 일이 없어도 서바이벌 프로그램에 출연 중이어서 이런 이슈에 휘말리는 것만으로도 분명 타격을 입는다. 만일 '아라가 아니었다면…' 리오는 가슴을 쓸어내렸다.

Ara   Ohhh! Kidding! You're getting so much cuter!

Leo   Woah, belly up again?
      Kidding, what's wrong with you?
      Thanks, Ara. That was genius.

Ara   I'm smarter when I'm in fight mode.
      You were spacing out, so I stepped in.
      Anyway, it's been a while. How have you been?

아라 으아아아 농담이다! 더 귀여워졌어!
리오 헐… 또 드러누워? 농담아… 너 왜 이래.
      아라야, 고마워. 근데 어떻게 그런 생각을 했냐. 와 천재!
아라 내가 원래 싸움할 때만 똑똑해지거든. 헤헤.
      네가 너무 '윙' 한 표정으로 앉아 있길래. 내가 대신 머리 좀 썼지.
      근데 오랜만이다! 잘 지냈어?

Day 3

He seems to be just fine.

오늘 표현에서는 'He is just fine 얘 완전 괜찮네'라고 직접적으로 생각을 말하지 않고, 조심스럽게 의견을 말할 때 쓰는 **'seem to** ~처럼 보인다**'**를 써서 'He seems to be just fine (내가 볼 때는) 아무 문제 없는데?/괜찮아 보이는데?' 라는 말로 '강아지 상태나 컨디션에 특별한 문제가 없어 보인다'는 의미를 표현했어요.

KEY WORDS

while ~동안   gone 떠난, 떠나버린   allow 허락하다

be allowed 허락받다   out 외출   unless ~하지 않으면   feed 먹이다

seems ~처럼 보이다   fine 건강한, 괜찮게   too much 너무 많이

멀쩡한데?

온라인 기사 속에서는 화려하게만 보이던 리오였는데 화장기 없는 얼굴은 부쩍 수척해 보였다. 아라는 오디션 탈락 후 애써 서바이벌 프로그램을 외면하느라 리오를 응원해 주지 못했던 것이 내심 미안해졌다. 그런데 어쩐 일인지 농담이 또한 리오 못지않게 야위어 있었다. 아라는 재빨리 동네 강아지들이 올 때마다 주려고 사놓은 강아지 간식을 꺼내 왔다.

Leo I was so worried because Kidding wasn't eating while I was gone.
Thankfully, I was allowed out for a day.
He never eats unless I feed him.

Ara He seems to be just fine.

Leo What? Kidding!
What are you eating?

Ara Kidding! Not too much!

리오 농담이가 내가 없으니 밥을 안 먹어서 엄청 걱정이었거든.
다행히 하루 외출권 얻어서 잠깐 나왔어.
나 말고 다른 사람이 주는 건 절대로 안 먹….
아라 멀쩡히 남이 주는 거 잘만 먹는데?
리오 말도 안 돼… 농담아!
지금 뭐 먹는 거야!
아라 농담아, 적당히 먹어라.

Spill the beans.

'**Spill the beans**'는 직역하면 '콩을 쏟다', '콩을 엎지르다'로 '비밀을 성급하게 누설하거나 비밀을 털어놓다'는 의미입니다.

KEY WORDS

honest 솔직한   mean 의미하다, 뜻하다   turn ~상태로 바뀌다, 변하다

favor 부탁   check in 안부를 전하거나 상태를 확인하려고 연락하다

look after 보살피다   condition 조건   spill 엎지르다   beans 콩

솔직하게 털어 놔.

아라는 농담이가 사료를 먹는 내내 하트 가득한 눈으로 농담이를 바라보았다. 리오는 차가운 엄마의 표정과 대비되는 아라의 표정에 눈을 떼지 못하고 있었다. 시선이 느껴지자 아라는 퍼뜩 고개를 들었고 두 눈이 마주친 순간 리오의 동공이 갈 곳을 잃고 허둥지둥거렸다. 아라는 다 안다는 표정으로 씨익 웃었다.

Ara **Hey, be honest.**

Leo **What do you mean?**

Ara **I think you're turning red. You want to ask me to dog-sit Kidding, right?**

Leo **Actually, yeah. I know this is a big favor to ask. Do you think you can check in on Kidding when I'm not around?**

Ara **I'd love to! He can stay with me, if you're ok with it. On one condition – spill the beans.**

아라 야, 솔직히 말해.

리오 어…? 뭘.

아라 너 지금 얼굴 빨개진 거 같은데? 너 나한테… 농담이 부탁하고 싶은데 말을 못해서 그런 거지?

리오 어? 어 맞어. 정말 어려운 부탁인 거 아는데….
가끔이라도 우리 농담이 좀 들여다봐 줄 수 있을까?

아라 그래! 너만 괜찮으면 우리 집에 데리고 있어도 되는데.
대신 조건이 있어. 나한테만 살짝 말해 봐.

I really need to work on my English.

오늘 표현에서 아라의 '영어가 급하다'는 말은 '짧은 기간에 영어 실력을 향상시켜야 한다'는 뜻이죠. **'work on'**은 더 나아지려고 열심히 공들이고 노력한다는 의미로 'I need to work on my English'라고 하면 '영어를 잘 하려면 정말 열심히 노력해야 돼'라는 뜻입니다.

▶ 유튜브 레슨

KEY WORDS   happen 어떤 일이 일어나다   past 지나간, 최근의   speech 연설
take care of ~를 돌보다   share 공유하다   secret 비밀   deal 합의

나 영어 완전 급해.

아라는 리오의 팔을 훅 잡아당겼다. 리오가 휘청하며 상체를 숙이자 방실방실 웃는 아라의 얼굴이 코앞으로 다가왔다. 리오는 순간 빨개진 얼굴이 터질 듯이 달아오르는 걸 느꼈지만 당황하지 않은 척 퉁명스럽게 말을 뱉었다.

Leo   **What do you mean?**

Ara   **Hey, 'Pardon', how did your English get so good?**
       What happened in the past two months?

Leo   **Oh… that. Well, just hard work, I guess.**

Ara   **Stop with that speech.**
       I really need to work on my English.
       I'll take great care of Kidding,
       and you share your secret. Deal?

리오 무슨 소리야?
아라 아니 '파든', 너 영어가 어떻게 그렇게 늘었어? 두 달 동안 대체 무슨 일이 있었던 거야?
리오 아… 난 또. 그거야 뭐… 열심히 하면….
아라 교과서 위주로 열심히 하면 서울대 가는 얘기 집어치우고!
       나 영어 완전 급해. 내가 농담이 포동하게 잘 돌볼 테니 비결 좀 꼭 알려 주라. 콜?

Day 6

She'll rip me into shreds!

'shreds'는 '잘게 채 썬 것'을 말하는데요. 보통 피자나 김치볶음밥 위에 뿌려 먹는 슈레드 치즈를 생각하면 이해가 빠르겠죠. **'rip'**은 거칠게 찢는 다'를 표현하는 단어로 'rip someone in to shreds'라고 하면 '누군가를 신랄하게 비판하거나 완전히 처절하게 물리친다'는 뜻입니다. 그래서 오늘 의 표현은 'She'll rip me into shreds'는 '걔가 나한테 신랄한 비난을 퍼부 을 거야' 또는 '자칫했다가는 뼈도 못 추릴 거야'가 되는 거죠.

KEY WORDS

retaliation 보복, 앙갚음   on the other side 다른 편에   argument 논쟁
rip 거칠게 찢다   shreds 채 썬 가느다란 조각들   like ~같은   only 단지…
만   though 도대체   bubbly 명랑 쾌활한

154

고작 몇 마디 나눈 것 같은데 벌써 시각은 자정이 넘어 있었다. 리오는 마감 정리를 같이
하고 아라를 집에 데려다주었다. 한사코 혼자 간다던 아라는 막상 리오의 새 차에 타자
"우와, 좋은 냄새 나" 하며 신나 했다. 리오는 그런 아라를 보니 웃음이 났다. 아라를 내려
주고 혼자 집으로 돌아가며 오늘 일을 생각했다.

Leo **"Ok, so you're saying this was retaliation."**
Oh, Ara.
I do not want to be on the other side of
the argument with her.
She'll rip me into shreds! Right, Kidding?
Why are you like that with Ara only
though?
Because she's so bubbly, funny, talented,
and pretty? Uhh… what am I saying?

리오 "보복 운전하셨다는 거네요?"
못 말린다, 이아라 진짜.
앞으로 이아라 하고는 싸우지 말고 항상 같은 편 해야겠어.
자칫했다간 된통 당하고 말 거야. 그치 농담아?
넌 근데 왜 아라한테만 그런 거야?
하긴 아라가 좀 밝고 재있고 끼도 많고 또… 예쁘고. 헐, 나 지금 뭐라는 거야?

영어책 한 권, 끝까지 다 읽는
뻔한 듯 특별한 독서 방법

다음 날 리오는 아라에게 농담이를 데려다주고 합숙소로 들어갔다. 리오는 합숙소까지 오는 내내 아라의 영어 실력을 향상시킬 수 있는 방법을 고민했다. 그러자 리오 본인의 실력 향상에 가장 큰 도움을 주었던 인공지능 TIFF가 떠올랐다.

 리오   **내가 아라에게 TIFF가 되어줘야겠다.**

하지만 리오가 서바이벌 과정에 참가하는 동안 아라와 대화할 시간을 내기 어려워서 메신저를 주고받으며 라이팅부터 늘려 가기로 했다.

  From. 리오

> 나 리오야.
> 내가 영어 공부하면서 가장 도움받았던 건
> 틀려도 일단 말하고 봤던 인공지능 AI와의 대화였어.
> 당분간 만날 수는 없으니까 영어로 메시지 주고받자.
> 그냥, 어린아이처럼 해보는 거야. 말 배우기 시작한 두 살처럼.
> 아이들은 말할 때 문법이나 단어를 틀릴까 봐,
> 걱정하면서 말하지 않잖아.
> 처음부터 잘하는 사람이 어디 있겠어.
> 할 수 있다, 이아라 파이팅!

  From. 아라

> Hi! Nice to meet you. Bye
> 1111111111111111111111111111
> 1)와! 영타 치는데 백 년 걸렸음.
> 2)우리 집 냥이가 끼어들어 키보드 '1'을 5초간 누르심.
> 3)그나저나 일단 뱉고 보는 건 자신 있어!

아라는 겨우 한 줄이었지만 영어를 쓰면서도 지루하지 않았다. 무료한 하루에 상큼한 샤인머스켓 한 알이 던져진 느낌이었다. 다음 날 기다리던 답장이 도착했다.

From. 리오

My first conversation with AI was about my type.
What's your type?
(처음 AI와 '이상형'을 주제로 대화를 나눴어. 너의 이상형은?)

  From. 아라

Type? Food type? I don't have one.
(이상형…? 먹는 건가? 난 그런 거 없는데.)

  From. 리오

Not even a celebrity crush?
(하아… 좋아하는 연예인도 없어?)

  From. 아라

I like Dong-seok Ma. Targeted ads introduced me to him.
(아, 나 요즘 너튜브 알고리즘이 운명처럼 소개해 준 마동석 님에게 빠져 있어.)

  From. 리오

Is there a reason you like him? What do you like about him?
Three more sentences!
(좋아하는 이유라든가, 좋아하는 포인트라든' 가. 세 문장 더!!)

  From. 아라

Dong-seok Ma is very passionate.
Dong-seok Ma is kind.
Dong-seok Ma is lovely.
(마동석 님은 완전 열정적이다.
마동석 님은 오른손이 한 일을 왼손이 모르게 선행한다.
마동석 님은 강아지와 고양이를 좋아하고 병아리를 무서워하는 마블리다.)

아라는 리오가 알려준 대로 번역기를 쓰지 않고 인터넷 사전을 검색했다. '열정적인'이란 단어 하나를 찾았을 뿐인데 'ardent', 'passionate', 'lyrical', 'enthusiastic' 등 수많은 영어 단어와 예문이 다양하게 나왔다. 각 단어가 어떻게 사용됐는지 예문을 보면서 아라는 자신이 하고 싶은 말과 비슷한 단어를 골라냈다. 단 세 문장을 영어로 완성하는 데도 엄청난 시간이 걸렸다. 문장은 좀 틀릴 수 있겠지만 일단 뜻이 통한다면 성공이라고 생각했다.

메일을 쓰고 나니 뿌듯했다. 'SEND' 버튼을 누른 아라는 왠지 잠이 오지 않아 잠들어 있는 농담이의 보드라운 털을 가만히 쓰다듬었다.

아라의 답장을 받은 리오는 미소를 머금은 채 영어 도서관으로 향했다. 책을 좀 읽어 봐야겠다는 마음으로 베스트셀러 구간에서 영어책 몇 권을 꺼냈다.

 리오 　'음, Flat Stanley? 이건 어린이 책 같은데 한번 읽어 볼까?'

(한 시간 후)

 리오 　하… 내가 지금 어디 읽고 있었더라?

 수연 　리오야, 잘돼 가?

수연은 동글동글 포근한 이미지와 상반되는 날카로운 가창력으로 두각을 보이는 참가자였다. 전형적인 아이돌 이미지를 가지고 있지 않아 불리한 상황이지만, 수많은 팬이 실력으로 모든 것을 커버하는 수연을 응원하고 있다.

그런데 두 번째 미션 당일, 몸매를 지적하는 타이의 말에 하마터면 상처받을 뻔했다. 당찬 모습만 보였던 수연이 고작 그딴 녀석의 말에 무너지는 모습이 방송됐다면… 상상만으로도 끔찍했다.

 리오 　어? 수연아.
　　　　　　나 이 한 줄만 100번째 읽고 있나 봐. 도저히 집중이 안 되네.

 수연 　내가 좀 도와줄까? 오늘은 늦었으니 내일 아침 도서관에서 만나.

방으로 돌아온 리오는 한참 혼자서 복습을 하고 새벽녘이 되어서야 잠자리에 누웠다. 리오의 이어팟에서는 아라의 목소리가 흘러나오고 있었다.

Delivery

빨리 갈게
보고 싶은 마음이 조금도 식지 않게
Yeah Yeah 에라 모르겠다
꼬여버린 하루 끝 서로가 필요할 때
누구보다 빨리 너에게 갈게 boy

Knock Knock Knock
문을 연 순간
One 눈을 맞추고 Two 안아주고
Three I'm gonna kiss you
Twinkling moment

서로의 손끝이 닿을 때
우리는 안심해
단 하나의 포장도 없이
나 너에게 귀 기울이네 Yeah
Ma favorite flavor is You

Day 1

Don't look up the words the first time though.

사전이나 인터넷을 검색해서 단어 뜻을 찾아볼 때가 많죠. 이럴 때 **'look up'**이라는 표현을 씁니다. 'look up'에는 '올려다보다, (사람을) 존경하다' 라는 뜻 외에도 '자료를 검색하다'는 뜻도 있답니다. 'though'를 문장 끝에 쓰면 '그렇지만', '그렇더라도'라는 의미로 앞서 언급한 말에 대해 단서를 붙일 때 쓸 수 있어요. 예를 들어 볼게요. **'You can look up the words in the dictionary.** 사전에서 단어 찾아봐도 돼요.**', 'Don't look it up on the internet though.** 그렇지만 인터넷 검색은 안 됩니다.**'**

▶ 유튜브 레슨

KEY WORDS

difficult 어려운   tough time 힘든 시간   different 각양각색의   levels 수준
illustrated 삽화가 있는   full version 완전체 버전, 요약하지 않은 원래 버전
look up 검색하다, 찾아보다   though 그렇더라도

160

수연보다 먼저 도서관에 온 리오는 한 시간째 첫 번째 페이지를 벗어나지 못하고 있었다. 눈꺼풀은 어느새 스르륵 내려앉았고 머리는 무거워졌다. 졸고 있는 리오를 본 수연은 그동안 자신이 터득한 방법을 알려 주려 한다.

Su-yeon **Why are you reading something so difficult?**

Leo **It looked easy, but I'm having a tough time.**

Su-yeon **There are different levels in children's books.**
What about this one? Flat Stanley - the illustrated version.

Leo **Is it the same as the full version? It's a small book.**

Su-yeon **Do you want to try this? Don't look up the words the first time though.**

수연 근데 너 왜 이렇게 어려운 걸 읽어?

리오 쉬워 보이는데 만만치 않네.

수연 아동 도서도 난이도가 천차만별이야.
이건 어때? 납작이 스탠리 그림책 버전이야.

리오 똑같은 내용이야? 근데 이건 책이 작고 얇네.
15장밖에 안 돼.

수연 이거 한번 읽어 볼래? 대신 처음엔 단어 찾지 말고.

Day 2

Did you like the book?

'그 책 재밌지?'라고 물을 때 만일 책을 보고 'Is it a fun book?'이라고 물으면 책의 스토리(텍스트)보다는 컬러, 삽화, 개성 있는 구성 요소 등 다른 즐거운 요소가 많은지를 묻는 것입니다. 스토리가 흥미로운지를 물을 때는 'Is it a good book?'이라고 해야 더 적합합니다. 'Did you like the book?'이라고 하면 **'like'**는 선호도를 묻는 것이니 위에서 설명한 두 가지 상황을 모두 포함할 수 있습니다.

KEY WORDS

finish 끝내다   look up 검색하다, 찾아보다   mean 의미하다   well 잘, 제대로

must 해야 한다   do 동작이나 행동을 하다   summarize 요약하다

too 너무   difficult 어려운

그 책 재있지?

리오는 수연이가 추천해 준 대로 글이 빽빽한 책 대신 쉬운 그림책들을 읽기 시작했다. 처음엔 단어 찾느라 첫 페이지를 넘기지 못하고 허덕였는데 매 페이지에 나오는 그림을 보고 상상력을 발휘하면서 읽다 보니 중간부터는 조금씩 내용에 적응이 돼서 끝까지 읽을 수 있었다.

Leo   Wow. This is my first time finishing an English book.

Su-yeon   Did you like the book? Do you want to read it again? This time, you can look up the words you don't know.
(After a while)

Leo   Ah… so that's what this means.

Su-yeon   Ah, if you want to speak well, there's one thing you must do. Summarizing the book. I can help, if it's too difficult for you.

리오   와… 나 영어책 한 권 다 읽은 거 처음이야.

수연   그 책 재있지? 그럼 이제 반복해서 읽어 볼래? 이번에는 모르는 단어도 찾아봐.
(잠시 후)

리오   아… 이게 그 소리였네.

수연   참, 말하기를 잘하려면 책 읽고 꼭 해야 하는 게 있어!
책 읽고 요약하기. 처음이라 어려우면 내가 도와줄게.

How's Kidding doing?

'잘 지내?'라고 할 때 'How are you? 너 잘 지내?', 'How is Kidding? 농담이 잘 지내?'라고 물을 수 있죠. 또는 'doing'을 붙여서 'How are you doing? 너 잘 지내고 있어?', 'How is Kidding doing? 농담이 잘 지내고 있어?'라고 말할 수 있어요. 이외에도 안부를 묻는 표현으로 'What's up?', 'How's it going?', 'How have you been?'을 쓸 수 있어요.

▶ 유튜브 레슨

KEY WORDS

text message 휴대전화 문자 메시지   send 보내다 (과거형 sent)   gift 선물

nothing 아무것도, 아무것도 아닌   worry about ~에 대해 걱정하다   play 놀다

think 생각하다, ~라고 믿다, ~라고 여기다   adorable 귀여운, 사랑스러운

농담이 잘 있어?

리오는 영어책 읽는 재미에 푹 빠졌다. 온종일 틈날 때마다 영어책을 읽고 자기 전에 하루 동안 읽은 책을 쌓아놓고 바라보았다. 가장 재미있었던 책을 골라 아라와 같이 읽고 싶다는 생각이 들었다.

Text message **Leo Kim sent you a gift and message.**

Ara **What's this? An English book?**

Oh! A new secret?

Leo **This is what I'm reading these days.**

Read and try to summarize it.

How's Kidding doing?

Ara **You have nothing to worry about.**

He's playing with the cats.

He thinks he's a cat. They're so adorable.

문자 메시지 김리오 님이 선물과 메시지를 보냈습니다.

아라 이게 뭐야? 영어책? 오~! 또 새로운 비법이 있는 거야?

리오 내가 요새 읽는 책이야.

읽고 요약해 봐. 농담이는 잘 있어?

아라 걱정 붙들어 매. 고양이들이랑 같이 놀아.

자기가 고양인 줄 아나 봐. 얘네 너무 귀여워.

Day 4

You remind me of Fifty.

처음 만난 사람인데 외모나 행동이 친숙하면 기존에 알던 누군가를 연상하고 떠올리는 경우가 있지요? 연상해서 생각이 떠오를 때 **'remind'**를 써서 '널 보니 내 머릿속에 떠오른다(생각난다)', 'You remind me of + 누군가, 무언가 (생각난 대상)'이라고 할 수 있습니다. 예를 들어 볼까요.
'You remind me of the girl. 널 보면 그 여자애가 생각나.**'**

유튜브 레슨

KEY WORDS

be born 태어나다   sing 노래하다   remind me of ~ 나에게 ~를 생각나게 하다, 상기시키다   ruff ruff 컹컹, 월월   ugh 불쾌하거나 어이가 없을 때 쓰는 감탄사로 '웩, 하… 헐'을 쓰는 상황에 자주 사용한다   dummy 멍청이

아, 오십이 생각난다.

아라 집에 맡겨진 농담이는 아라와 있으면 너무나도 행복했다. 보호소에서 이름도 없이 50호 강아지로 불릴 때 들었던 바로 그 노래, 그리고 노래를 불러 주던 천사 같은 아라의 목소리를 매일 들을 수 있다니.

Ara **"You were born to be loved." Right, Kidding?**

Kidding **Awwrrawwr.**

Ara **Aww. Yes, you're signing.**
You remind me of Fifty.
He loved singing along too. Maybe···?

Kidding **Ruff ruff! (It's me, Ara!)**

Ara **Maybe, my singing is for dogs, not people.**

Kidding **Ruff ruff(Ugh, you dummy)!**

아라 "당신은~ 사랑받기 위해 태어난 개 님." 그치 농담아~
농담 아오 아올~ 오오.
아라 오구, 우리 농담이 노래했어요.
       아 오십이 생각난다.
       내가 노래 불러 주면 꼭 우리 농담이처럼 따라했는데. 혹시···?
농담 망망! (아라야 나야!)
아라 혹시··· 내 노래가 사람용이 아니라 개용?
농담 망망(하아 바보!)

Day 5

You shouldn't have!

▶ 유튜브 레슨

'should'는 미래에 '~해야 한다'는 뜻이지만 'I should have gone 갔어야 했는데', 'I should have done it before 진작 했어야 했는데'와 같이 'should have'는 '과거에 ~했어야 했는데… (못했네)'라는 아쉬움을 담은 표현입니다. 'You shouldn't have'는 'You should not have'를 줄인 말로 '(과거에) ~하지 말 것을 그랬다'라고 후회하거나 본문에서 쓴 것처럼 '~안 해도 됐는데 (뭘 이런 걸 다 가져왔니)'라는 의미로 쓸 수 있어요.

KEY WORDS

hand over 건네다   shouldn't have ~하지 않아야 했다   as beautiful as always 여전히 아름답다   charming 매력적인   taco 토르티야라는 빵에 야채나 고기를 싸 먹는 멕시코 요리   OST Original Sound Track의 줄임 말, 영화나 드라마 등의 삽입곡

168

뭐 이런 걸.

한편, 시호는 엄마의 심부름으로 갓김치를 들고 아라의 집으로 찾아갔다. 가는 길에 아라가 가장 좋아하는 타코치킨도 샀다. 레전드 '엄마 친구 아들' 다운 자체 발광 외모에 환한 미소를 장착하고 벨을 눌렀다.

Ara's mom   **Long time no see, Siho!**

                 (Siho hands over a bag of Taco Chicken.)

                 You shouldn't have! Thank you!

Siho   **Mrs. Lee! As beautiful as always!**

Ara's mom   **Oh, such charming words from such a handsome kid!**

Ara   **Oh hey! Yeah, my favorite, Taco Chicken!**

Siho   **Hey Ara, so about the OST⋯.**

Ara   **Shh, Taco Chicken can hear you. Let's talk outside.**

아라 엄마   시호, 오랜만에 왔네.

         (시호가 타코치킨을 건넨다.)

         아유 뭐 이런 걸, 고마워.

시호   이모! 세월이 이모만 비껴가나 봐요

아라 엄마   어머⋯ 너는 어쩜 그렇게 얼굴도 고운 애가 말도 고운 말만하니⋯.

아라   오빠 왔어? 우와 내가 제일 좋아하는 타코치킨!

시호   아라야 그때 그 OST 관해서 말이야⋯.

아라   쉿, 타코치킨이 듣는다. 오빠, 나가서 얘기하자.

Day 6

Everyone starts somewhere.

처음 어떤 일을 시작하면서 불안해하는 친구에게 응원의 말로 'Everyone starts somewhere'라고 할 수 있어요. **'everyone'**은 '모두가', '누구나'라는 뜻으로 'Everyone starts~'는 '누구든지 시작한다'라는 뜻입니다. 'somewhere'는 '어딘가에서부터'라는 의미로 '모두들 어딘가에서부터 시작해', '누구에게나 처음은 있어', '처음부터 잘하는 사람은 없어'라는 표현입니다.

 KEY WORDS THE 그, 바로 그 (알고 있는 어떤 사람에 대해서 언급할 때 쓰는 말, 대문자는 강조함을 표현) a few 약간의, 몇 개의 in the pipeline 한창 진행 중인 take a stab at 시도해 보다 last 가장 최근의, 지난 You got this 할 수 있어, 파이팅!

처음부터 잘하는 사람이 어딨어.

아라가 다시 음악을 한다고 할까 봐 음악의 '음'자만 들어도 불안해하는 엄마가 듣지 못하도록 아라는 시호를 데리고 집 앞 공원으로 나왔다. 둘은 시원한 공기를 맞으며 걸었다.

Siho   **Ara, Julia will be the artist singing that OST!**

Ara   **THE Julia? The one who dominates the charts with new releases?**

Siho   **Congratulations!**

Ara   **Insane! I can't believe it!**

Siho   **I have a few more songs in the pipeline that need lyrics.**

Ara   **Do you think I can take a stab at it?**

Siho   **Of course, you did a great job with the last one, and you were always a great writer. Everyone starts somewhere! You got this!**

시호   아라야… 그 OST 곡 Julia가 부르기로 했대!
아라   설마 신곡 냈다 하면 차트 씹어 먹는 Julia는 아니겠지?
시호   (웃음)축하해 정말.
아라   대박. 믿을 수 없어!!
시호   아 참. 몇 곡 더 가사 필요한 게 있는데.
아라   내가 써봐도 될까?
시호   그럼, 지난번 가사도 그렇고 너 글 잘쓰잖아. 처음부터 완벽하게 잘하는 사람이 어딨어. 화이팅!

운명의 파이널 라운드
방송 보면서 실시간으로 영어 댓글 달기

"처음부터 잘하는 사람이 어딨어." 시호의 말에 아라는 반짝 용기가 솟았다. 얼마 전 영어로 메일을 주고받으며 리오가 비슷한 말을 해주었던 기억이 떠올랐다.

 아라 **아, 맞다. 리오! 영어책 읽고 소감 쓰기 숙제부터 마무리해 볼까.**

아라는 아는 단어와 표현을 조합해서 한 자 한 자 정성스레 영어로 자신이 읽은 책의 내용과 소감을 리오에게 공유했다.

 From. 아라

> **This is what I read this time.**
> **It's two strangers falling in love.**
> 내가 이번에 읽은 책은 이런 내용이야.
> 남녀가 우연히 만나 운명처럼 사랑에 빠지는 내용.
> 거기엔 고양이가 나와. 너무 귀여워.
> 우리 홍삼이랑 인삼이보다는 조금 덜 귀엽지만 말이야.

 From. 리오

> **Oh I read that too!**
> **My favorite part is when S and J connect**
> **because of cats.**
> 오, 나도 그거 읽었는데, 고양이를 매개로 S랑 J,
> 두 사람이 이어지는 부분이 제일 재밌었어.

 From. 아라

> **Hmm… I thought that was a bit forced.**
> 음… 난 거긴 좀 억지스러웠던 거 같아.
> 나라면 귀여운 고양이 때문에 누군가를 사랑하게 될 것
> 같지는 않아서 말이야.
> 그냥 그 고양이와 사랑에 빠지겠지.

메시지를 보고 리오는 피식 웃으며 아라에 대해 생각했다. 리오는 그동안 여러 번 아라를 보며 그냥 성격 좋은 아이라고 생각했다. 그런데 지난번 보복 운전 사건 날 편의점에서 농담이를 살뜰하게 챙겨 주고 농담이 또한 아라를 잘 따르는 모습을 본 이후 왠지 아라가 조금 더 특별하게 느껴졌다. 아라가 농담이를 맡아 주는 것을 계기로 메시지를 주고받으면서 대화를 시작한 이후로는 더욱 그랬다. 만나서 대화할 때와는 또 다른 매력이 아라에게 있었다. 리오는 자기도 모르게 아라를 생각하며 미소 지었다.

 수하　**형 어디 아파요? 얼굴이 왜 이렇게 빨개요?**

아라에게 온 메일에 집중하던 리오는 수하와 찬원이 들어온지도 모르고 있다 깜짝 놀랐다.

 찬원　**내일 생방송이라고 너무 무리한 거 아니에요? 봐, 봐요. 열나면 안 되는데.**

 리오　**흠, 흠. 아, 방금 전에 춤 연습하고 와서.**

 수하　**어? 형 영어 연습하러 먼저 올라간 거 아니에요?**

 리오　**아 왜 이렇게 덥냐. 아직 안 자고 뭐해.**

　　　　　　다들 너무 긴장하지 말고 일찍들 자. 컨디션 조절해야지.

 수하　**네, 형도 좋은 꿈꿔요.**

 찬원　**오늘은 잠이 안 올 것 같아요. 양 한 마리, 양 두 마리… 쿨….**

조잘거리다 잠든 동생들을 보며 리오는 잠들지 못했다. 오늘 밤이 지나면 합숙소와도 작별이다. 눈을 감았지만 잠이 오지 않았다. 지난 세 달 동안의 일들이 머릿속을 스쳐 갔다. 인공지능 TIFF와 말하기 연습을 하고, 리얼리티 쇼에서 배운 영어를 억지부리는 타이에게 써먹었던 일, 수연에게 영어책 읽는 법을 배우고 아라와 영어로 메신저를 주고받기까지. 리오는 누구보다 절실했고, 영어에만 집중할 수 있는 시간과 상황이 주어졌기에 J자 모양의 그래프로 실력이 상승할 수 있었다. 이런저런 생각 끝에 리오는 잠이 들었다.

드디어 아침이 밝았다. 오늘, 이곳에서 마지막 무대를 선보인다.

Day 1

Please cast your vote for your favorite contestant!

'cast'에는 여러가지 뜻이 있는데요. '배역이나 역할을 맡기거나 캐스팅 하다'라는 뜻 외에도 '던지다'라는 뜻을 기준으로 '시선을 던지거나 (cast a smile 미소를 던지다), '낚시줄을 던지다' 또는 '표를 던지다'라는 뜻이 있어요. 'cast your vote'는 '당신의 표를 던지세요'라는 말로 'cast your vote for'라 고 하면 '~에게 투표해 주세요'라는 의미입니다. 당신의 도전자는 당신이 가 장 좋아하는 도전자니 'favorite contestant'라고 할 수 있어요.

KEY WORDS

round 대회나 시합의 회차   be aired live 생방송으로 진행되다   for the first time 최초로   cast 던지다, 표를 행사하다   vote 표   contestant 참가자   completely 전적으로   up to you 당신에게 달려 있다   quality 자질

174

당신의 도전자에게 투표하세요!

참가자들이 '도전 K-영어 스타'의 마지막 경연 무대에 섰다. 생방송 10초 전, 리오는 눈을 감았다. 음악이 흘러나오며 생방송을 알렸다. 여섯 명 남은 참가자가 한 명씩 돌아가며 마지막 무대를 설명했다.

Leo	**The last round of our three-month journey. K-English Star, the final round!**
Suha	**Today's episode is being aired live for the first time.**
Chanwon	**Please cast your vote for your favorite contestant!**
Suyeon	**Every contestant will get ten minutes.**
Liz	**How you use that time is completely up to you.**
Ty	**Please check out their English skills and star quality.**

리오 3달간의 여정을 마무리하는 도전 K-영어 스타, 파이널 라운드!
수하 오늘은 프로그램 최초로 생방송으로 진행됩니다.
찬원 당신의 도전자에게 투표하세요!
수연 참가자들에게는 각각 10분의 시간이 주어집니다.
리즈 10분 동안 무엇을 할지는 참가자의 자유입니다.
타이 영어 실력과 스타로서의 매력 모두 눈여겨봐 주세요!

Day 2

That's the talk of the town these days!

사람들 사이에서 많은 관심을 끌고 화제가 되는 일을 **'talk of the town'**이라고 합니다. 'talk'는 '이야기 또는 사람들이 하는 말'을, 'town' 은 사람들이 복작거리는 '시내', '소도시'를 의미해요. 예를 들어 볼게요. 'That's the talk of the town these days! 사람들이 모이기만 하면 요 새 이 얘기뿐이니 엄청난 화제겠죠.' **'these days'**는 '요즘', '요새'라는 뜻입니다.

KEY WORDS

as ~로서   host 사회자   calm down 침착하다   guest 초대 손님   global phenomenon 전 세계적으로 돌풍을 일으키는   Grammys (Grammy Aaward) 그래미상, 미국의 음반상   talk of the town 장안의 화제   appreciate 감사하다

176

엄청난 화제죠?

첫 번째 순서 리오에게 10분의 시간이 주어졌다. 잠시 후 세계적인 인터뷰 쇼, '리사쇼 (The Lisa Show)'의 시그널이 흘러나온다. 리오는 언젠가는 꼭 출연하고 싶은 꿈의 무대 '리사쇼'를 패러디한 '리오쇼'를 마지막 미션 무대에서 선보인다. 리오는 1인 2역으로 사회자와 초대 손님을 모두 연기한다.

Leo (as host)   Woah, calm down everyone!
Today's guest is Leo Kim, a global phenomenon!
Leo, thanks for joining us today.
Should we talk about the Grammys?
That's the talk of the town these days!

Leo (as guest)   I appreciate all the love.

리 오 (사회자 역할)   워워, 진정들 하시고요.
오늘 초대 손님은 세계적인 스타, 김리오 씨입니다!
리오! 와줘서 고마워요.
얼마 전 그래미 시상식 얘기 좀 해볼까요?
요새 엄청난 화제죠?

리 오 (초대 손님 역할)   네, 많이들 좋아해 주셔서 감사하죠.

Day 3

You two might be an item.

'be an item'은 '사귀는 사이'라는 뜻으로 'might'는 '혹시…' 하고 조심스럽게 추측할 때 쓰는 표현입니다. 뜻에 조금씩 차이가 있지만 두 사람이 사귀는지 묻고 싶을 때 다음과 같은 표현을 쓸 수 있어요. **'Are you two dating?** 너희 만나는 사이야?', **'Are you two a thing?** 너희 사귀어?', **'Are you two an item?** 너희 사귀니?', **'Are you together?** 너희 연인이니?'

 KEY WORDS
performance 공연, 퍼포먼스   rumor 소문   might 혹시… 인지도 모르겠다
be an item 사귀는 사이다   glad 기쁜   get to work on~ ~를 하는 기회를 얻다
repeat 반복하다

178

리오는 오늘의 초대 손님인 '세계적인 스타가 된 미래의 자신, 리오'를 연기했다. 그리고 사회자 리오 역할을 할 때는 리사의 말투와 제스처를 능청스럽게 따라 하며 특유의 날카롭고 예리한 질문을 던졌다.

Leo (as host) **And··· your performance with Cherry! Rumors are going around that you two might be an item?**

Leo (as guest) **No, we've always been very good friends.**
I'm really glad we got to work on this together.

Leo (as host) **Can you repeat your performance for us today?**

Leo (as guest) **Of course. Music, please!**

리 오 (사회자 역할) 그런데 리오와 채리랑 같이 공연했잖아요?
제가 들은 얘기가 있는데요. 두 분 보통 사이 아니죠?

리 오 (초대 손님 역할) 아 우리는 친한 친구예요.
이번에 같이 공연하게 돼서 진짜 좋았어요.

리 오 (사회자 역할) 그럼 여기서 그 무대를 다시 한번 보여 주실 수 있나요?

리 오 (초대 손님 역할) 물론이죠. 음악, 주세요.

Day 4
Breathtaking!

'**breath**'는 코 또는 입으로 공기를 들이마쉬고 내쉬는 '숨'을 뜻하는데요. 대단히 멋진 것을 보고 놀라거나 스릴 넘치는 상황에서 '**breathtaking** 숨이 턱 멎는 듯해'라고 표현할 수 있답니다.

KEY WORDS real-time live 실시간 생방송   comments 코멘트   breathtaking 숨이 턱 막히는   acting 연기   uncanny 묘한, 기묘한, 똑같은   lol(Laugh out Loud) (소리 내서) 웃다의 줄임 말   hilarious 아주 우습다   host 사회자

숨 막히게 잘한다.

조명이 비춘다. 시선을 아래로 떨군 채 살짝 감았다 뜬 리오의 눈빛이 순간 날카롭게 돌변한다. 강렬하면서도 그루브한 리오의 춤선에 특유의 단단하면서 깔끔한 보컬이 더해진다. 세계적인 스타를 연기하는 리오는 어느새 사라지고 무대에는 그 존재만으로도 빛나는 리오가 있었다.

Real-time live comments

Hyuck **Amazing!**

Yoon **Breathtaking!**

YoonA **English, singing, dancing, the looks, and acting?**

Is there anything he can't do?

Ryu♡ **Lisa needs to see this. Uncanny!**

lol He is hilarious.

Woody **Leo to the Lisa Show!**

S.H **His English is great, but what an amazing host! He's a pro!**

Live 실시간 댓글 상황

혁 　대박!

윤 　노래할 때 나 숨도 못 쉬었음.

윤아 　영어, 노래, 춤, 외모에 심지어 연기도 잘함? 못하는 게 뭐야?

류♡ 　리사가 이거 봐야 함. 리사랑 완전 똑같애. 리오 완전 웃겨.

우디 　리오 리사쇼에 출연시키자!

석형 　영어는 둘째치고 진행을 왜 이렇게 잘함? 프로네.

Day 5

It's ok even if I don't make it.

'make it'은 '해내다', '성취하다'라는 뜻입니다. 본문의 '떨어져도 괜찮아'라는 문장에서 'even If I don't make it'은 '내가 못 해낼지라도(합격하지 못해도)'라는 뜻으로 썼어요. '괜찮아'는 **'It's ok'**라고 하죠. 오늘 표현에서 'It's ok'는 '별일 아니야(괜찮아. 별문제 없어)'라는 의미로 썼어요. 'O.K.', 'OK', 'Ok', 'okay', 'ok' 등으로 'ok'를 조금씩 다르게 쓸 수 있어요.

 KEY WORDS band 무리, 그룹   make it 해내다   experience 경험
Congratulations 축하합니다

떨어져도 괜찮아.

심사 위원과 생방송 투표 결과가 합산되었다. 드디어 글로벌 아이돌 데뷔 조 3명을 뽑는 순서가 돌아왔다. 발표가 시작되었다. 데뷔 조 3명 중 수하, 찬원이 먼저 합격하고 1위, 단 한 자리만이 남아 있다.

MC Jooyoung	**Now, the last member to join the band!**
Leo	**It's ok even if I don't make it. I learned a lot from this experience.**
MC Jooyoung	**The winner of 'K-English Star' is…. Leo Kim! Congratulations!**
Suha	**I knew it!**
Chanwon	**We did it!**

MC 주영	마지막으로 그룹에 합류할 멤버는…!
리오	떨어져도 괜찮아. 좋은 경험이었어.
MC 주영	도전 K-영어 스타! 마지막, 우승자는 김.리.오 연습생. 축하합니다!
수하	그럴 줄 알았어!
찬원	형, 우리 해냈어요!

Day 6

At first, I sounded rehearsed.

면접을 볼 때 긴장해서 준비한 답변을 마치 대본을 읽듯이 어색하게 하는 말을 'sound rehearsed'라고 해요. 'sound'는 '~하게 들리다', 'rehearse'는 '리허설하다', '예행연습을 하다'라는 뜻으로, 'I sounded rehearsed'는 '내 말이 연습한 것처럼, 대본 읽는 것처럼 어색하게 들렸어(내가 부자연스럽게 말했어)'라는 의미입니다.

▶ 유튜브레슨

KEY WORDS

rehearse 예행연습하다　memorize 암기하다　never 결코 아니다, 한번도 없다
fluent 유창한　imagine 마음속으로 그리다, 상상하다　support 지지, 응원
as well 마찬가지로

함께 데뷔 조로 선발된 찬원과 수하가 부둥켜안고 좋아하는데 리오는 또 멍 때리는 표정이다.

MC Jooyoung **Please tell us how you feel in English.**

Leo **At first, I sounded rehearsed.**
I could only say a few things
I memorized in English,
just like a robot.
I never thought I could become
fluent in English in only in three
months.

MC Jooyoung **I can't imagine.**

Leo **This is all thanks to your support,**
everyone.
If I can do it, you can as well!

MC 주영 영어로 소감 한 말씀 해주시죠.

리오 처음 제 영어 실력은 로봇영어였어요.
외운 것만 간신히 말할 수 있었던 제가
3개월 만에 영어를 잘할 수 있게 될 줄은 몰랐습니다.

MC 주영 상상이 안 되네요.

리오 전부 여러분의 응원 덕분입니다. 그리고 제가 할 수 있다면, 여러분도 할 수 있습니다!

알 듯 말 듯 마음 이야기

기회를 내 것으로! 학습 목표부터 세우기

마지막 서바이벌이 끝나고 화려한 무대 아래로 내려온 리오는 얼떨떨한 기분으로 방으로 향했다. 영어 서바이벌의 마지막 무대에서 모든 참가자는 창의적이고 기발한 아이디어를 보여 줬다. 수하는 피아노 앞에서 영어로 쓴 자작곡을 소개했고, 리즈는 연기, 찬원은 영어 뮤지컬로 무대를 꾸몄다. 그리고 수연은 직접 쓰고 그린 그림 영어 동화를 선보였다. 리오는 수하, 찬원과 함께 글로벌 팀으로 데뷔할 수 있는 최종 3인에 선발되었다. 두 번째 미션을 같이 했던 ART의 멤버 셋이 나란히 데뷔하게 된 것이다.

'후… 하얗게 불태웠다.'

리오는 만족스러운 미소를 지었다.

한편 리오가 서바이벌 프로그램에 참여한 3개월 동안 시호는 음악 작업에 열중했다. 그 동안 많은 작업을 리오와 함께해 왔던 시호는 리오가 바빠지자 혼자 해야 할 일이 많아졌다. 하지만 정신없는 와중에도 리오를 응원하는 일 또한 잊지 않았다. 리오가 한 단계씩 성장해 가는 무대를 바라보며 시호는 진심으로 기뻤다. 그는 리오 못지않게 재능을 가진 아라 또한 음악을 포기하지 않길 바랐다. 할 수 있다면 도움을 주고 싶었다 .

아라의 가사가 픽스된 후로 시호는 아라에게 몇 곡의 작사를 더 부탁했다. 아라가 쓴 가사들은 때론 서툴렀지만 확실히 아라 특유의 개성이 살아있었다. 게다가 멜로디의 흐름을 살려 주는 가사 덕분에 부드럽게 불려졌다. 시호는 아라에게 끊임없이 수정을 요청하면서 가사를 개선해 나갔다. 그러는 사이 아라는 자신도 모르게 프로 작사가로서의 실력을 갖추어 가고 있었다.

 아라 **이 노래 너무 치명적이네. 아 생각났어!**

아라는 게임 OST 가사를 쓰며 행복했다. 모든 문이 닫힌 것 같았던 아라의 꿈에 새로운

문이 열리고 작은 빛이 스며드는 듯 보였다. 그때 메시지가 도착했다.

  **What's up? I can't sleep.**
뭐 해? 잠이 안 온다.

  **Congrats Leo Kim! I read you won first place! I'm writing lyrics right now.**
김리오 축하해! 너 일등했다는 기사 봤어.
난 지금 작사 중이야.

  **Thanks! Writing? That's so you!**
어 고마워. 너 작사해? 우와 잘 어울려.

  Don't tell anyone, but I got an offer for an OST, so I think I'll make by debut soon!
사실 비밀인데 얼마 전에 OST 가사 하나가 픽스되어서
곧 작사가 데뷔할 것 같아.

우리 오디션 동기에서
가수와 작사가로 데뷔도 비슷하게 할 수 있을 것 같지?
비록 분야는 다르지만 말이야.

  **We need to party!**
우리 파티해야겠다.
내일 만날까?

다음 날, '도전 K-영어 스타'는 화려한 막을 내리고 퇴소 일 이른 아침이 밝았다. '더 디퍼런스 엔터테인먼트' 앞에는 모자를 깊게 눌러쓴 남자가 서 있었다. 그는 마치 오랜 수감 생활 뒤에 출소한 사람처럼 세상의 신선한 공기를 깊이 들이마시고 있었다. 그의 발걸음이 어딘가를 향해 빠르게 움직인다.

Day 1

You need to build up stamina.

'(체력을) 키우다', '(신체를) 단련하다'는 **'build up'**이라고 합니다. 'build up'은 한 번에 힘을 키우지 않고 단계적, 점진적으로 체력을 올리는 것을 뜻해요. 체력은 'stamina'와 'physical strength'로 표현할 수 있는데요. 'stamina'는 마라톤에서 필요한 '지속 가능한, 버틸 수 있는 체력'을 의미하고 'strength'는 역기 선수에게 필요한 강인한 '힘'을 표현하지만 둘 다 체력을 뜻하는 상황에서 같이 쓸 수 있어요.

 KEY WORDS

miss 그리워하다   hike 하이킹   afterwards 그 뒤에

build up 몸을 단련하다   stamina 체력   off 근무를 쉬는   once 한 번

secret 비밀, 비결

188

체력부터 키워야 해.

리오는 아차산 입구에 먼저 와 기다리고 있었다. 심장 박동이 빨리 뛰고 있다는 사실을 깨달았다. '오늘 왜 이렇게 덥지? 농담이랑 오랜만에 만나서 설레서 그런가? 아니면…?' 그때 멀리서 농담이 소리가 들렸다.

Leo   **I missed you, Kidding!**

Kidding   **Ruff ruff!**

Ara   **Ugh… you said it was a party.**
Why are we on a hike?

Leo   **Let's have a pizza party afterwards. With your crazy schedules with working and studying…. You need to build up stamina. You're off on Sundays, right? We'll hike once a week, and I'll teach you my secrets.**

Ara   **Huh? EVERY WEEK?**

리오   농담아 보고 싶었어!!

농담   망망!

아라   하아… 파티라며. 산은 또 뭐냐고.

리오   올라갔다 내려와서 피자 파티하자. 너 알바에 공부에 작사까지… 일단 체력부터 키워야 해.
       일요일마다 쉬지? 이제 매주 한 번씩 산에 오르면서 영어 비법을 알려줄 거야.

아라   네…? 매… 매주 한 번이요?

Day 2

You need to set a goal, so you don't lose steam.

스포츠 경기할 때 공을 조준하는 골대, 또는 득점하는 것을 'goal'이라고 하죠. 'goal'에는 '목표'라는 뜻이 있는데요. '목표를 세우다'는 'set a goal'이라고 해요. 물이 팔팔 끓을 때 올라오는 하얀 증기를 'steam'이라고 하는데요. 김이 식는 것에 비유해서 열정이나 에너지를 잃어 지치거나 기운이 소진된 것을 **'lose steam'**이라고 한답니다.

KEY WORDS

goal 목표 lose 잃다 steam 수증기, 김 then 자 그럼, 그 다음에
strength 강점, 장점 weakness 약점 prepare 준비하다
common 흔한, 일반적인 Take me with you 나도 데려가, 같이 가

목표를 세워야 지치지 않고 할 수 있어.

영어 서바이벌을 하는 동안에는 미션까지 기한이 매번 정해져 있었다. 게다가 글로벌 뮤지션으로 활동해야 한다는 목표가 명확해서 드라마틱하게 실력이 늘 수 있었다고 리오는 확신했다.

Leo   You need to set a goal, so you don't lose steam.

Ara   Well, first of all, I have a job interview in three months.

Leo   Then you need to study English for a job.
Then answer me,
What are you strengths and weaknesses?

Ara   Uhh, umm….

Leo   Ugh… This won't do. Come on! Let's prepare for some common interview questions.

Ara   Where are you going? Take me with you!

리오   목표를 세워야 지치지 않고 할 수 있어.

아라   음… 나는 당장은 3개월 후에 인터뷰가 있어.

리오   취업 때문에 영어가 필요한 거지? 자 그럼 대답해 봐. 당신의 강점과 약점은?

아라   어… 어… 음 그러니까.

리오   하아, 안 되겠다. 빨리 와. 예상 질문을 뽑아서 같이 연습해 보자.

아라   어디 가? 같이 가.

What do you know about our company?

'**What do you know about~**'은 '당신은 ~에 대해 무엇을 알고 있나요?'라는 뜻인데요. 입사 면접에서 자주 하는 이런 질문은 지원자를 코너로 몰아가는 압박 면접과는 조금 뉘앙스가 달라요. 지원자가 주요 사업, 조직 구성 등 회사에 대해 얼마나 잘 알고 지원했는지 파악하려는 면접관의 의도가 담겨 있어요. '알고 있는 대로 말해 주세요'라는 뜻이죠.

 KEY WORDS follow 따라가다, (유심히) 지켜보다   grow 성장하다   role 역할

bridge 다리, 중간 역할   creative 창의적인   Not bad 그 정도면 괜찮네

우리 회사에 대해 아는 대로 얘기해 보겠어요?

리오와 아라는 스터디 룸 책상을 사이에 두고 마주보고 앉았다. 둘은 인터넷을 찾아가며 인터뷰 예상 질문지와 대답지를 만들었다. TIFF와 리오가 연습했던 것처럼 계속해서 수정하고 수정된 내용을 여러 번 반복해서 연습했다.

Leo **What do you know about our company?**

Ara **I know Songi Music manages the top artists around the world.**
I've been following Songi Music's artists for a long time, and I would love to join the Songi family!

Leo **Ok. Where do you see yourself in five years?**

Ara **I want to grow into a role at Songi Music and become the bridge between the business and creative side.**

Leo **Not bad!**

리오 우리 회사에 대해 아는 대로 얘기해 보겠어요?

아라 네, 송이 뮤직은 세계 최고 아티스트들을 매니지먼트합니다. 그동안 송이 뮤직 소속 아티스트를 쭉 지켜봤는데요. 저도 송이 뮤직의 일원이 되고 싶습니다!

리오 네. 5년 후 자신의 모습을 그려 본다면요?

아라 저는 송이 뮤직에서 일을 배우고 점점 발전할 거고요.
비즈니스와 창작 분야를 연결하는 역할을 하고 싶어요.

리오 오, 괜찮은데?

Day 4

I haven't stopped by for so long!

'stop by'는 '들르다'로 'I haven't stopped by'라고 하면 '내가 오랫동안 못 들렀어요'라는 뜻입니다. 'so long'은 '너무 오랫동안'이라는 뜻으로 'long'에는 '길이가 길다' 이외에 '시간이 오래되었거나 오래 걸린다'라는 의미도 있답니다. 보통 강조의 의미로 'so'를 함께 쓰면 '매우 오래됐어요', '너무 오래됐어요'라고 합니다. 여기서 'so'는 'very'와 비슷한 뜻이지만 조금 더 강조하고 싶을 때 자주 써요.

KEY WORDS stop by 들르다   new face 못 보던 얼굴   adopt 입양하다
win 우승하다 (과거형 won)

194

아라와 리오의 영어 공부는 그날 이후로도 계속되었다. 일주일에 한 번씩 만나서 산을 오르내리며 인터뷰 준비를 하고 평일에는 메신저로 소통했다. 리오의 데뷔 날짜가 확정되면서 일요일마저 만날 수 없게 되자 아라는 오랜만에 '도그쉼 보호소'를 찾았다

EJ   It's been forever, Ara!

Ara   EJ! I haven't stopped by for so long!
I see some new faces!

EJ   Oh yeah, Ara. Fifty!
The cute guy who adopted Fifty… he won
the K-English Star!

Ara   The winner? Leo Kim?

강애지 보호사	아라야 얼마 만이야!
아라	애지 언니!! 진짜 오랜만에 왔죠?
	그새 새로운 아이들이 많이 들어왔네.
강애지 보호사	아참 아라야 있잖아! 그 50호.
	오십이 데려갔다는 그 잘생긴 청년,
	얼마 전 도전 K-영어 스타에서 일등한 거 있지!!
아라	K-영어 스타 일등이면… 어? 김리오?

"A man that lives for tomorrow, stands no chance against a man that lives for today." (Mister, 2010)

'stand no chance'는 '성공할 가망이 없다', '다 끝났다'라는 뜻으로 'He stands no chance against (someone)'는 '그는 (어떤 이에게) 죽임을 당하거나 파멸될 거야'라는 의미예요. 'A man that lives for tomorrow' 에서 'live for'는 '~을 위해', 즉 '내일이 있는', '내일을 보고 사는 사람은'을 뜻 합니다.

KEY WORDS   recommend 추천하다   terrible 끔찍한, 지독한   line 대사

아라는 집으로 돌아오는 내내 리오와 농담이 그리고 50이와 그를 데려간 잘생긴 청년을 생각했다. 그제서야 아라의 노래에 신나게 대답해 주던 농담이를 보며 50이가 생각났던 이유를 깨닫게 되었다. 그때 핸드폰으로 메신저 알람이 울렸다.

Text Message

Leo I had some time to kill, so I watched the movie, Mister, that you recommended.
"A man that lives for tomorrow, stands no chance against a man that lives for today. I'll show you how terrible it can be."
What great lines!
What was your favorite line?

문자 메세지

리오 오늘 간만에 시간이 나서
네가 추천해 준 '아저씨'를 봤어.
"내일만 사는 놈은 오늘만 사는 놈한테 죽는다.
그게 얼마나 끔찍한 건지 보여 주겠어."
캬! 넌 어떤 대사가 좋았어?

Day 6

"Sorry I ignored you back then···." (Mister, 2010)

'ignore'는 '외면하거나 모른 척 무시한다'는 뜻입니다. 'I ignored you'는 '너를 모른 체했어'라는 뜻으로 '널 보고도 모르는 사람인 척했어', 또는 '네가 거기 있는 걸 못 본 것처럼 굴었어'라는 의미예요. 만약 사람을 깔보거나 낮추는 '무시하다'라는 표현을 쓰고 싶다면 'look down on'이라고 합니다. 예를 들어 볼게요.

'**Don't ignore me.** 나 무시하지마. 나 못 본 척하지 마. 나 안 보여?'
'**Don't look down on me.** 나 무시하지 마. 날 업신여기지 마.'

KEY WORDS rescue 구조하다   ignore 무시하다, 모른 척하다   back then 과거에, 그 당시에   end up 결국 어떤 처지에 처하게 되다   downplay 경시하다, 대단치 않게 생각하다

"미안해 그때 모른 척해서….." (아저씨, 2010)

아라는 침대에 누워 답을 쓰기 시작했다. '야, 대박! 농담이….' 까지를 썼다가 지웠다. '어떻게 말할까?' 고민하며 여러 번을 그렇게 메시지를 썼다가 지웠다.

Text Message

Ara Isn't it so good?

Do you remember these?

"You came here to rescue me, right?"

"Sorry I ignored you back then….

when I'm really excited about something,

I end up downplaying it."

Did you get what this means?

I actually have a funny story to tell you,

but I feel like I should tell you later.

문자 메세지

아라 재밌지?

혹시 이 대사는 기억 나?

"아저씨 나 구하러 온 거 맞죠?"

"미안해 그때 모른 척해서….

너무 아는 척하고 싶으면 모른 척하게 돼."

이해 돼(웃음)?

사실 재밌는 이야기가 있는데 왠지 나중에 하고 싶어졌음.

거짓 소문

억울하고 답답할 때 이 말은 꼭!

리오는 아라 앞에서만 배를 드러내는 농담이처럼 아라 앞에서만 웃게 되는 자신을 발견했다. 아라와 있는 시간은 늘 즐거웠다. 함께 영어 공부를 하고 메시지를 주고받다 보면 무표정하던 리오는 어느새 신나게 웃고 있었다.

기다리던 아라의 '송이 뮤직' 면접 일이 되었다. 아라는 리오와의 연습 덕에 오디션 때와는 다른 영어 실력으로 무사히 영어 면접까지 마칠 수 있었다. 고마운 마음에 아라가 면접턱을 내기로 했다. 데뷔가 임박하자 쉴 틈 없이 바빴던 리오도 겨우 시간을 냈다.

멀리서 다가오는 아라를 보며 리오는 반갑게 손을 흔들었다. 그런데 오랜만에 보는 아라는 표정이 어두웠다. 처음 보는 아라의 표정이다.

 리오 무슨 일 있어?

 아라 OST 자체가… 엎어졌대. 어쩐지 내 인생에 뭐 그리 쉬운 일이 있나 했지 (웃음).

 리오 그 가사 엄청 좋던데 나도 봤어. 그 사람들 진짜 센스도 없고 안목도 없네.
야! 그 가사 다시 쓴다고 해도 주지 마. 나중에 내가 부를게.
절대 아무도 주지 마!!

 아라 (웃음)아우 귀청이야.
됐고. 너무 기운이 안 나… 치킨 수혈이 필요해.
면접까지 못 봤으면 어쩔 뻔했어. 네 덕분이니까 내가 쏠게.

 리오 오늘 같은 날 얻어먹으면 왠지 안 될 것 같다. 내가 쏜다. 다 시켜!

두 사람은 작은 가게에 마주 앉았다. 주문을 마치고 버릇처럼 핸드폰으로 인터넷 화면을 열던 아라의 얼굴이 갑자기 굳어졌다.

아라   뭐야 이거? 리오야… 이거 너 기사 아니야?

"DIFF ENT 연습생 김$$ 충격 인성 논란"

화제의 인물 김모 군의 인성 논란이 제기되어 충격이다. 최근 종영한 인기 프로그램 '도전 K-영어 스타'에서 뛰어난 실력으로 화제를 모았으나 안타깝게 탈락한 도전자 타이는 얼마 전 자신의 하트스타그램에 누군가를 저격하는 듯한 글을 올렸다.

**"웃자고 던진 말에 입에 담을 수 없는 욕설과 폭언으로 모욕감을 주고
자신이 유리하게 연습생들을 종용해서까지 우승을 하고 싶었을까.
불과 몇 달 전 오디션에서 보여준 허접한 영어 실력
내가 뻔히 아는데."**

네티즌들은 타이가 겨냥한 인물이 우승자 김모 군이 아니겠냐며 "김**가 그런 부류였다니 나 언팔해야겠다", "이런 애들 제일 싫음"이라는 댓글을 남겼다.

 리오   …?

리오의 표정이 굳어졌다. 멍하게 두 눈만 끔벅거리는데 다른 테이블의 대화가 들렸다

 주변인1 야, 이거 봤어? 대애애애애박 김리오 인성 논란 기사!

 주변인2   헐! 야 완전 짜증. 아, 얘 좋아했는데 실망이다.

You can't let them get away with this.

'가만히 당하고 있을 수만은 없어!'라는 뜻으로 사용하는 **'get away'** 에는 '어디론가 떠나다, 벗어나다, 탈출하다'라는 뜻이 있어요. 'get away with~'는 '그 상황을 모면하거나 잘못을 했지만 처벌을 면하다'입니다. 'let them get away with this'라고 하면 '그 사람들이 잘못을 했지만 그냥 내 버려 둔다', 즉 '그 사람들한테 가만히 당하고 있다'입니다.

유튜브 레슨

KEY WORDS

calculated 계산적인   cruel 잔인한, 잔혹한
come out 세상에 나오다, 사실이 드러나다   naive 순진해 빠진   strategy 전략
first 먼저

또 멍하게 당할 거야?

리오의 전화가 울리기 시작했다. 부모님, 소속사, 친구들에게 끊임없이 전화가 왔다. 그러나 리오는 핸드폰을 무음으로 바꾼 채 멍하니 앉아 있었다. '폭언?', '종용?' 분명 그런 적이 없었지만 무수히 쏟아지는 추측성 기사와 악플에 리오는 자신의 기억력마저 의심스러워졌다.

Ara   Did you do something to him?

Leo   Huh?

Ara   You're this calculated and cruel?
If they knew anything about you,
they can't say anything like this.

Leo   The truth will come out soon.

Ara   How are you so naive?
You can't let them get away with this.
Let's head to the office to strategize.

Leo   I want to go home first.

Ara   Now is not the time!

아라   너 걔한테 뭐 잘못한 거 있어?

리오   어…?

아라   야, 네가 이렇게나 약아 빠지고 못됐다고? 널 조금이라도 알면 이런 기사 못 쓰지!

리오   사실이 아니니까, 밝혀지겠지.

아라   아 답답해! 또 멍하게 당할 거야? 가자! 회사로 가서 전략을 짜야지.

리오   나 우선 집에 갈래….

아라   야!!! 지금 집에 갈 때야?

Leo's record label dropped him.

'사람과의 관계나 연락을 끊는다'는 'drop'을 써서 **'dropped him 그와 손절했다/관계를 끊었다'**라고 표현할 수 있어요.

▶ 유튜브 레슨

KEY WORDS
media 매체, 미디어   completely 완전히   drop 관계를 끊다
smear 더럽히다   lawsuit 소송

아라는 핸드폰 전원을 끄고 동굴로 들어간 리오를 대신해 '더 디퍼런스 엔터테인먼트' 로 향했다. 디퍼런스에 가까이 왔을 때 프로듀서가 직원 한 명과 걸어 나오고 있었다.

Producer	**Weren't you there?**
Crew member	**Yeah. Ty lied about everything.**
Producer	**So, the media got it completely wrong.**
Crew member	**I think Leo's record label dropped him.** **With a smear campaign like this, it's going to be difficult even if you win the lawsuit.**

프로듀서　너 그때 옆에 있지 않았어?

스텝　　　제가 있었죠. 타이 말 다 거짓말이에요.

프로듀서　하… 완전 반대로 기사가 나온 거네.

스텝　　　근데 이미 회사에서는 리오 손절한 것 같아요.
　　　　　이렇게 이미지 망가지면 나중에 소송에서 이겨도 힘들 거라고….

Day 3

I wouldn't be so worried about him.

안타깝거나 아쉬운 상황을 말하고 싶을 때 **'would not (wouldn't)'** 를 써서 '~그러지 않았을 텐데', '안 그래도 됐는데'라고 쓸 수 있어요. '내가 걔를 많이 걱정하고 있어'를 영어로 말하면 'I am so worried about him' 인데요. 그 사람 때문에 지금 마음이 쓰이고 심난하다는 감정을 표현하는 말입니다. 여기에 'would not'을 붙여서 'I wouldn't be so worried about him'이라고 하면 '내가 걔를 많이 걱정하지 않아도 됐을 텐데', '걔 때문에 내가 지금 이렇게 속상하지도 않을 텐데'라는 의미입니다.

▶ 유튜브 레슨

KEY WORDS   selfish 이기적인   other way around 반대로   reach out 연락을 취하다

206

아라는 '더 디퍼런스 엔터테인먼트'에 들어갈 필요가 없다고 느꼈다. 그리고 곧바로 시호의 작업실로 향했다. 때마침 시호도 리오의 상황을 걱정하고 있었다.

Ara   Siho. You know Leo the best.

This is not him.

Siho   Of course not.

I wouldn't be so worried about him,

if he were so selfish.

Ara   I was at Difference today.

One of the crew members confirmed

that it was actually the other way around.

Siho   Ok, I'll reach out to a reporter I know.

아라   시호 오빠. 리오 제일 잘 알잖아.

그 기사 말도 안 된다고.

시호   당연하지.

리오가 그렇게 못됐으면 내가 이렇게 걱정도 안 하겠다.

아라   내가 오늘 디퍼런스 가서 듣고 왔어.

아니나 다를까, 스텝 말이 그 반대 상황이었대.

시호   그럴 줄 알았어. 내가 아는 기자한테 연락해 볼게.

He's a good person.

'사람이 착하다'라는 말은 보통 **'good'**이라고 표현합니다. 착한 사람은 'good person'이라고 해요.

 KEY WORDS serious 심각한   attack 공격하다   look into 주의 깊게 살펴보다, 조사하다 further 추가로

진짜 착한 애예요.

그 사이 리오의 인성 논란은 걷잡을 수 없이 커지고 있었다. 아라와 시호는 시호의 지인 김 기자를 찾아갔다.

Ara
: Everyone at Difference knows it.

Reporter
: This is serious.

Ara
: Leo's a good person.
Leo always stays quiet when
he's being attacked.

Reporter
: Ok. I'll look into this further and write a piece tomorrow.

Ara
: Thank you. Thank you so much!

시호   기자님 디퍼런스 엔터테인먼트 분들도 다 알고 있어요
기자   하… 이거 심각한데요?
아라   얘 진짜 착한 애예요.
　　　답답하게 자꾸 당하기만 하고….
기자   알겠습니다. 제가 좀 더 취재해서 내일 기사 쓸게요.
아라   감사합니다, 감사합니다.

If I lay low like this, this is going to pass.

오늘의 표현을 해석하면 '조용히 자숙하다 보면 이 또한 지나갈 거야'라는 의미입니다. **'lay low'**는 '자세를 낮추고 몸을 사리다, 잠자코 있다, 잠수를 타다'라는 의미로 다른 사람들 눈에 띄지 않게 행동할 때 쓰는 말이에요.

▶ 유튜브레슨

KEY WORDS lay low 몸을 낮추다   tough spot 곤란한 위치   drop out 중간에 그만 두다

이러고 있으면 다 지나가겠지?

한편 리오의 데뷔는 잠정 중단되었다. 리오는 집밖으로 나가지 못한 채 농담이와 함께 뒹굴고 있었다.

Leo Kidding, if I lay low like this, this is going to pass.

Text from Suha Leo! Pick up the phone already! We're in this together!

Leo This puts Suha and Chanwon in a tough spot. Ok, I need to call the label.
Hello? Mr. Choi? Hi, this is Leo.
I want to drop out.
I don't want to get in the way of Suha and Chanwon.

리오 농담아… 이러고 있으면 다 지나가겠지?
text From 수하 형! 왜 전화 안 받아요. 얼른 받아요.
같이 이겨 내요!
리오 참… 수하랑 찬원이도 곤란하겠네… 회사에 전화해야겠다.
여보세요? 최한 대리님, 안녕하세요. 저 리오예요.
저… 데뷔 포기할게요.
저 때문에 수하랑 찬원이 다른 멤버들까지 피해 볼 수는 없어요.

211

Congratula-tions! We'd like to offer you the job.

'**offer the job**'은 '일자리를 제안하다'라는 뜻입니다. 회사에서 최종 합격자에게 통보할 때 'We'd like to offer you the job 저희 회사에서 당신에게 일자리를 제안합니다/저희와 같이 일해 보시겠어요?'라고 흔히 표현합니다.

 KEY WORDS care 신경 쓰다   turn out 밝혀지다   offer 제안하다

최종 합격을 축하합니다.

증거를 바탕으로 한 김 기자의 반박 기사가 나왔고 뒤늦게 'DIFF 엔터테인먼트'의 법적 조치가 이어졌음에도 불구하고 대중의 반응은 싸늘했다. 아라는 리오에게 연락이 되지 않자 오늘도 시호의 작업실에서 리오를 걱정하고 있었다.

Siho I heard the article is up.
How's it being received?

Ara It's not even on the top news yet.
Only 20 likes. No one cares.

Siho What? This turned out to be a complete lie!

Ara No way. One second. Hello?

Songi Music Hi, is this Ara Lee? I'm calling from
Songi Music.
Congratulations! We'd like to offer you
the job.

시호 오늘 기사 나왔지?
반응은 좀 어때?
아라 오늘 주요 기사에 올라오지도 않았어.
'좋아요'가 겨우 20개야. 아무도 신경 쓰지 않는 것 같아.
시호 사람들이 모른다고? 이렇게 백퍼 아닌 게 밝혀졌는데?
아라 그러게 말이야. 정말 말도 안 돼. 잠깐만, 나 전화왔다. 여보세요?
송이 뮤직 안녕하세요. 이아라 씨죠? 송이 뮤직입니다.
최종 합격을 축하합니다.

첫 출근, 첫걸음
전화, 업무 중 매일매일 쓰는 표현

3cm 검정 슈즈에 깔맞춤으로 어설픈 정장을 차려입고 드디어 아라가 첫 출근길에 올랐다. 가정 형편이 어려워지면서 아라는 안 해본 아르바이트가 없었다. 대부분의 아르바이트가 고되고 힘겨웠지만 늘 급여는 적었다.

'송이 뮤직'은 그런 아라가 처음으로 적지 않은 급여를 받고 정식 직원으로 입사한 곳이다. 아라가 이런저런 생각에 빠져 멍하니 지하철 입구에 다다랐을 때 커다란 그림자가 아라 앞으로 다가왔다.

 아라 **어? 김리오! 야, 너 연락도 안 되고! 어! 그동안 뭐 했어? 내가 얼마나 걱정했는지 알아?!**

모자를 푹 눌러쓴 리오가 아라의 앞에 서 있었다. 리오는 아라에게 작고 예쁜 상자를 내밀었다.

 리오 **이거 마음 진정시키는데 좋거든. 방금처럼 아무한테나 화 좀 내지 말고, 회사에서 화날 땐 이거 맞추고 짤리지 말라고. 나 간다.**

 아라 **야!!**

쩌렁쩌렁한 아라의 목소리를 뒤로한 채 리오가 멀어져 갔다. 아라가 상자를 열자 작고 예쁜 큐브와 함께 작은 메모가 들어 있었다.

"첫 출근 축하해. 해낼 줄 알았어. 드랍 더 비트! 당당하게!"

아라는 코끝이 시큰해졌다.
영어 앞에서는 늘 작고 초라한 아라였다. 하지만 짧다면 짧고 길다면 긴 약 3개월의 시간

동안 아라는 리오에게 많은 것을 배웠다. 그중 가장 큰 힘이 되었던 것은 다른 무엇보다 리오의 한마디였다. 아라의 눈을 바라보며 단호하게 얘기하던 그 말.

"아라야, 넌 영어를 못하지 않아."

아라에게 그렇게 얘기해 준 사람은 리오가 처음이었다. 초등학교부터 중고등학교를 거쳐 영어를 배워 왔음에도 영어는 늘 넘지 못할 산처럼 보였다. 리오의 말을 믿고 한 걸음씩 힘차게 내딛어 왔던 3개월, 아라는 더는 영어가 두렵지 않았다. 그리고 인터뷰장으로 들어가는 문을 여는 순간 아라는 웃고 있었다.

그런데 이상하게도 그토록 간절하던 '송이 뮤직' 입사 일인데 기쁘지가 않았다. 자꾸만 리오에게 마음이 쓰였다. 까칠한 척은 혼자 다하면서 결국 따뜻함을 숨기지 못하는 리오였다. 그런 리오가 혼자 아파하고 있을 걸 생각하니 아라도 마음이 아팠다.

 아라　**여보세요. 오빠, 바빠?**

 시호　**아라 웬일이야? 이 시간에 먼저 전화를 다 하고.**
　　　　오늘 첫 출근이지? 전화하고 싶었는데 바쁠 것 같아서 못 걸었어.

 아라　**아, 오빠 고마워. 나 근데 리오가 너무 걱정돼서.**

 시호　**안 그래도 오늘 리오랑 만나서 작업 얘기하기로 했어. 걱정 말고 출근 잘해!**

전화를 끊고 시호는 씁쓸하게 웃었다.

 시호　**이아라가 좀 많이 마음을 쓰는 것 같네.**

Day 1

Has your schedule freed up a bit?

해야 할 일이 있거나 어떤 일에 매여서 바빴는데 그 일이 다 끝났거나 취소돼서 시간이 생겼을 때 **'free up'**이라는 표현을 쓸 수 있어요. 'free up'은 '~을 해방하다', '자유를 주다', '시간을 내다'라는 말로 'Has your schedule freed up? 이제 시간 좀 나?'라는 뜻이에요.

▶ 유튜브 레슨

 KEY WORDS

be freed up 해방되다   scary 겁나는   whenever 할 때마다
give up 포기하다   water under the bridge 이미 지나간 일

이제 시간 좀 나?

리오가 모자를 푹 눌러쓰고 시호의 작업실로 들어섰다. 한층 사람에 대한 두려움이 깊어진 리오와 사람에 대한 두려움이 사라진 농담이가 함께였다. 시호는 애써 아무 일 없는 듯 리오에게 말했다.

Siho   Leo! Has your schedule freed up a bit?
Let's work on some music together.

Leo   Do you think I can do this?
This is scary.

Siho   Leo, do you remember what you told me whenever I thought of giving up music?
"Siho, just go for it."
All of this is water under the bridge.
Let's try again.

시호 리오야! 이제 시간 좀 나? 나랑 작업 많이 하자.
리오 형… 나 할 수 있을까? 전부 다 두렵네.
시호 리오야, 내가 음악 포기하려고 할 때마다 네가 해준 말이 뭔지 알아?
"형 그냥해."
너도 이번 일 일단 지나갔으니 됐어.
그리고 우리 그냥… 하자.

He's away from his desk.

'away'는 어떤 장소로부터 멀어지거나 더는 그곳에 없을 때 쓰는 표현으로, 잠시 자리를 비웠거나 결근·결석을 했을 때도 사용합니다. 'He's away from his desk'라고 하면 '자리 desk를 비웠다/자리에 없다'라는 뜻이 되겠죠. 다른 표현도 배워 볼까요.

'He/She has stepped away from his desk.
방금 자리 비우셨는데요.'

'He's/She's not available. 통화가 어렵습니다.'

KEY WORDS   headquarters 본사   set up 준비하다   calm 침착한, 차분한
Rubik's Cube 루빅 큐브 (정육면체의 각 면을 같은 색으로 맞추는 입체 퍼즐)

자리에 안 계시네요.

한편 아라는 '송이 뮤직'에서 열심히 일을 배우고 있었다. '따르릉' 수화기에서 울려퍼지는 "Hello…" 드디어 실전이다.

Ara   **Hello?**

Jason   **Hello? This is Jason from Songi Music's headquarters in New York.**
Can I speak to Hyunjun from A&R?

Ara   **One moment, please.**
He's away from his desk.
Can I take a message?

Kim   **You look busy, Ara, but I need you to set up the meeting today.**

Ara   **Of course, I'll get on it now.**
This is crazy. I need to be calm. Where's the Rubik's Cube?

아라   여보세요.

제이슨   Hello? 송이 뮤직 뉴욕 본사 제이슨입니다. A&R 팀 현준 씨와 통화할 수 있을까요?

아라   네, 잠시만요. 현준 씨가 자리에 안 계시네요. 메모 남겨드릴까요?

김 대리   아라 씨, 바빠 보이네. 오늘 회의 세팅 아라 씨가 해줘야 할 것 같은데.

아라   아, 네. 준비하겠습니다.
어휴 정신없어. 일단 침착하자. 큐브 어디 갔지?

I wish that was me.

오늘 표현에서 아라의 '부럽다'는 '상대를 샘하는 마음'보다는 '그게 나였으면 얼마나 좋을까' 하는 바람을 드러내는 표현입니다. 이럴 때는 **'I wish~'**를 써서 당장 그렇게 될 가능성은 낮아도 '~하게 된다면 좋을 텐데'라고 표현할 수 있어요. **'wish'**는 '~했다면 좋을 텐데'라는 뜻 이외에도 축복의 말을 전할 때도 쓸 수 있어요. 예를 들어 볼게요.

'I wish you a Merry Christmas. 즐거운 크리스마스 보내세요.'

KEY WORDS

distribution 유통   need to be finalized ~가 마무리되어야 한다

take care of 책임지다   release 발매

부럽다.

아라는 특유의 싹싹함으로 송이 뮤직에 잘 적응했다. 또한 음반 시장의 흐름도 배울 수 있어서 좋은 기회였다. 하지만 마음 한 켠엔 아직 가수의 꿈이 남아 있었다.

Jay In today's meeting, we want to cover the album's distribution plan.

JY The distribution schedule needs to be finalized.
Ara, do you have the distribution list for next month?

Ara Yes, it's been printed out.

YK Ara, please take care of the scheduling.

Ara An album release.
How cool? I wish that was me.

Jay 오늘 회의는 앨범 유통에 관한 내용입니다.

JY 유통 스케줄을 마무리해야 합니다.
이아라 씨 다음 달 유통 스케줄 목록 리스트 있나요?

아라 네 출력해 두었습니다.

YK 아라 씨가 일정 조율도 해주세요.

아라 앨범 발매… 대박 부럽다.

It's harder than I thought it'd be.

'생각했던 것보다 더 힘들다'라는 말을 영어로 표현하고 싶다면 **'hard'**를 써서 말해 보세요. 'hard'에는 '단단한'이라는 뜻 이외에 '힘든'이라는 의미도 있어요. 그래서 'It's harder than I thought'라고 하면 '내가 생각했던 것보다 힘들다'는 표현입니다. 'It'd be'는 'It would be'의 줄임 말로 '아마 그럴 것이다'라고 '예측하거나 추측하다'라는 말입니다.

 KEY WORDS itself 그 자체로   create 만들다, 창작하다   tough 힘든   hard 어려운, 힘든

이렇게 힘들 줄이야.

시호와 리오가 작업 중인 저녁, 아라가 퇴근하고 작업실에 놀러 왔다.

Leo   **How's work?**

Ara   **The work itself is good, and the people are nice.**
But not being able to create music myself is tough.
It's harder than I thought it'd be.

Siho   **Give this a thought. It's not too late.**

Leo   **We wrote this song yesterday.**
Do you want to check it out?

리오   일은 할 만해?

아라   일은 괜찮아 사람들도 좋고, 근데….
음악을 내가 직접 할 수 없다는 사실이 너무 힘드네.
이렇게 힘들 줄이야.

시호   잘 생각해 봐. 늦지 않았어.

리오   아라야 우리가 어제 만든 곡 대박 잘 나왔는데 한번 들어 볼래?

Day 5

Would you have time for this?

오늘 표현에서 시호는 아라에게 '시간도 없으려나?' 하고 물어봤지만, 사실 시호의 속마음은 아라와 함께 일하고 싶어서 '바쁘겠지만 혹시 시간 낼 수 있는지 궁금해'라는 말을 하고 싶었던 거죠. 상대방 의견을 조심스럽게 물으면서 긍정적인 답변을 원한다면 시호처럼 'Would you~?'를 붙여서 **'Would you have time for this?** 이거 같이 할 시간 좀 내 줄 수 있으려나?'라고 말하면 됩니다.

 KEY WORDS record 녹음하다   vibe 느낌, 분위기

너, 이거 같이 할 시간도 없으려나?

노래를 듣던 아라의 동공이 확장되었다. 몽환적이면서 따뜻한 분위기의 곡이었다. 여자 키의 노래인데 리오가 먼저 러프하게 불러 본 가이드 곡은 아라의 마음을 사로잡았다.

Ara   Wow, it's amazing!

Siho I'm hoping we can write the lyrics and record a guide track.
      Would you have time for this?

Ara   Yes! I want to do this!

Leo   Your vibe is perfect for this.

아라 헐… 너무 좋아! 너무 좋아!!

시호 이거 이번 주 내로 가사 쓰고 가이드 녹음하려고.
      너 이거 같이 할 시간 없으려나?

아라 아니…? 나 할래. 하고 싶어!!

리오 아라 감성이랑 정말 잘 어울릴 것 같다.

Day 6

What a perfect match.

'match'는 스타일이나 성향이 '서로 맞다'는 뜻이에요. 'What a match'라고 하면 '정말 잘 어울리네요'라는 의미로 'perfect'를 넣어서 '정말 완벽하게 잘 어울려!'라고 칭찬할 수 있어요.

KEY WORDS melody 곡, 멜로디   then 그렇다면   different 각각 다른
sleepless 잠을 못 자는

잘 어울린다.

아라는 퇴근 후에 밤을 새우며 가사 작업을 했다. 그리고 겨우 마감 기한을 맞추어 가사 시안을 제출했다. 드디어 가사가 결정되는 날. 시호, 리오, 아라는 시호의 작업실에 모였다. 그런데 작업실의 공기가 왠지 무겁다. 리오와 시호가 아라의 눈치를 보고 있다.

Leo   **Ara, the lyrics are amazing.**

Siho   **Right? What a perfect match for the melody, but⋯.**

Ara   **Oh⋯ that's a no then.**
      I'm ok guys! Totally fine!
      I only wrote 100 different versions and only had 10 sleepless nights!
      I'm fine! Fine! hahahah.

리오   아라야. 가사는 진짜 대박 좋았는데⋯.
시호   그치? 찰떡인데 진짜⋯ 아, 저기⋯.
아라   아⋯ 가사 픽스 안 된 거구나?
      여러분! 괜찮아요, 나. 완전 괜찮아!
      가사 한 100개 정도밖에 안 썼고
      열 밤 정도밖에 안 샜다고!
      괜찮아! 괜찮아! 하하하하하!

Week 15

길고도 짧은 시간, 일년 후
새로운 시작, 설레는 마음 표현하기

리오는 데뷔 좌절의 시간을 겪은 후 겉으로 괜찮은 척했지만 사실 괜찮지 않았다. 마음이 힘들면 힘들수록 작업에 열중했다. 작업실에서 떠나지 않고 쪽잠을 자며 작·편곡에 열중했다. 시호가 쉬엄쉬엄 일하라고 말려 봐도 소용 없었다.

리오는 시호와 작업할 때 외에는 어느 누구와도 만나거나 대화를 나누지 않았다. 아라는 그 사실을 잘 알기에 리오를 위해 끊임없이 메시지를 보냈다. 이번에는 아라가 회사 생활로 정신없이 바빴지만 그 와중에 시간을 쪼개서 리오에게 말을 걸었다.

  From. 아라

> By the way, thanks for the Rubik's Cube.
> This is keeping me sane.
> I play hundreds of times everyday.
>
> 참 큐브 고마워.
> 큐브 덕에 버티고 있어.
> 큐브를 하루에도 수백 번씩 돌려.

  From. 리오

> It's that stressful, huh?
> You're all grown up now, Ara Lee!
> Handling stress and your job!
>
> 그만큼 욱할 일도 많다는 거지?
> 이아라 많이 컸네.
> 아직까지 화도 잘 참고
> 안 짤리고 버티는 거 보니.
> 근데 너 안 바빠? 메시지 보낼 시간은 있나?

From. 아라

I'm losing my English.
This helps me study English.
야, 나 영어 실력 막 줄어들고 있잖아.
이렇게라도 영어 공부를 해야 한다고.

근데 있지,
큐브할 때면 마음이 차분해져서 좋은데
요즘 큐브할 때 뭐랄까… 좀 슬퍼져. 큐브가 꼭 나 같아서.
아무리 돌리고 애써도 맞춰지지가 않아….
여섯 면이나 있는데 단 한면도 제대로 맞춰지지가 않아.

리오는 아라의 메시지를 받고 마음이 저릿해지는 것을 느꼈다.

 From. 리오

난 큐브를 참 오래 했어.
어릴 때부터 외로울 때
큐브를 맞추면 마음이 편해졌거든.
큐브는 맞춰지기 직전까지도
엉망인 것처럼 보이기도 해.

아라 너의 큐브가 아직 시작인지 아니면 맞춰지기 직전인지
그 어디쯤에 있든 그건 중요하지 않은 것 같아.
중요한 건 어느 방향으로든
한 발씩 나아가고 있다는 것 아닐까?
실은… 요즘 나도 그렇게 하루하루 붙들고 있어.

어느덧 일 년이 흘렀다.

한편, 시호와 리오가 함께 작업한 곡 중 두 곡이 히트를 치면서 두 사람이 함께하는 작곡 팀은 인기를 얻기 시작했다. 곡 의뢰가 계속해서 늘어갔다. 여자 가수 노래는 아라가 퇴근 후 가이드를 녹음하고 남자 가수 노래는 리오가 가이드를 녹음했다.

그중 한 곡이 한미 합작 드라마 OST로 확정되던 날, 음악 감독은 시호, 리오와 미팅 자리 에서 물었다.

음악 감독 **가이드 속 목소리는 누구죠?**

 리오 **저… 인데요.**

리오가 대답했다.

 음악 감독 **내부적으로 회의도 하고 가수들과 미팅도 해봤는데**
가이드 속 목소리보다 더 적절한 보이스는 없어요.
리오 씨가 노래 부르는 걸로 가시죠.

약속했던 녹음일. 리오는 녹음실 마이크 앞에 멍하니 서 있었다.

 리오 **꿈인가?**

드디어 그토록 바라던 데뷔를 할 수 있게 된 것이다. 하지만 마음껏 슬퍼할 줄 모르는 리오는 마음껏 기뻐할 줄도 몰랐다. 모든 일이 또다시 없는 일이 되어버릴 것만 같아서.

이별에 서툴러서

더는 우산을 기울이지 않아도 되는데
오늘도 왼쪽 어깨를 적시고 만다

널 생각하는 일 하나만 안 되는데
네 생각 말고는
아무것도 할 수 없게 되어 버렸다

이별에 서툴러서
너 없이 난 안 돼서
한참 헤매 일 것 같아
다시 혼자되는 일

드디어 노래가 발표되었고 그것만으로 리오는 기뻤다.

 시호 　97… 97위래.

 리오 　형 왔어? 무슨 일인데 그래? 숨 좀 돌리고 말해.

 시호 　순위!

 리오 　아… 97위로 떨어졌어? 괜찮아. 처음엔 순위 차트에도 없었는데 드라마
　　　　　인기를 타고 역주행 좀 하나 했네.

 시호 　지금 기사 떴다고. 이거 봐 봐.

 리오 　"명품 드라마 제조기 박지선 작가의 신작 드라마 '운명보다 두 걸음 빠르
　　　　　게'가 넷플릭스 드라마 1위를 달성하며 세계적인 주목을 받고 있다…."
　　　　　이 드라마의 OST '이별에 서툴러서'가 빌보드 메인 차트 HOT 100에 진
　　　　　입했…어?

 시호 　잠시만.
　　　　　여보세요? 어, 김 기자 잘 지내지.
　　　　　어? 리오 인터뷰?

Day 1

You're my golden ticket to my dream.

오늘 표현은 '넌 내 꿈을 이뤄 주는 행운의 티켓이야'라는 뜻이에요. 대단한 물건을 얻거나 대단한 사람과 함께하게 되어 큰 수익을 얻거나 큰 행운을 잡았을 때 그 물건이나 사람을 '**golden ticket**'이라고 해요.

KEY WORDS

sign 계약하다   management company 관리 회사, 기획사

golden ticket 엄청난 기회   history 역사

네 덕에 꿈이 빨리 이루어졌네.

리오의 노래가 빌보드 메인 차트에 들어가자 각종 방송 섭외와 엔터테인먼트들의 러브콜이 늘어갔다. 하지만 리오는 지난 상처 이후 두려움이 앞서 어떤 결정도 내리지 못했다. 그런 리오를 보며 시호는 결단을 내렸다.

Siho   **You know what, Leo? Let's sign.**

Leo   **What?**

Siho   **My goal was to start my own management company.**
I wanted to slowly build from songwriting, but I think you're my golden ticket to my dream.
Would you be my first artist?

Leo   **Oh, that'd be amazing.**

Siho   **Let's make history!**

시호   안 되겠다. 리오야 너 나랑 계약하자.

리오   뭐라고 형?

시호   내 최종 목표가 엔터테인먼트잖아.
천천히 다져 가려고 했는데 네 덕에 꿈이 빨리 이루어졌네.
소속 가수 1호가 되어 줄래?

리오   어…? 형, 나야 고맙지만….

시호   잘 해보자.

Day 2

We need experienced people.

'우리는 경력직을 뽑을 거예요?'라는 말은 '경력이 있는 사람이 필요하다' 라고 표현할 수 있습니다. **'We need'**는 '우리는 ~가 필요합니다'이며 **'experienced people'**은 '경험이 있는 사람', 즉 '경력직'을 의미합니다.

 KEY WORDS book (출연을) 예약하다   show 텔레비전 라디오의 프로그램   hire 고용하다
arguing 말싸움   inevitable 피할 수 없는   afford (재정적으로) 감당되다

경력직 정도는 뽑아야겠지.

끊임없이 이어지는 섭외 전화에 시호와 리오 모두 바빠졌다. 아라는 퇴근길에 간식을 사 들고 들렀다.

Ara   Let's eat first. So busy these days!

Leo   Recording the album, booking shows⋯
It's so crazy!

Siho   We need to hire more people.
We need experienced people, given our
size, right?

Leo   Right. A bit of arguing is inevitable,
so someone who can win in any fight.

Siho   Agreed!

Ara   Are you looking at me?
I don't know if you can afford me!

아라 먹고 합시다!! 와, 요즘 너무 바쁘네.

리오 앨범 준비에 프로그램 섭외에⋯ 정신 없네.

시호 직원도 추가로 뽑아야 하는데. 음⋯ 이렇게 큰 회사가 경력직 정도는 뽑아야겠지?

리오 그렇겠지? 가끔 싸울 일도 생길 테니 쌈도 잘하는 사람으로?

시호 콜!!

아라 지금 두 사람 나 보고 있는 거야? 나 연봉 쎈데 감당되는 거야?

She must be super tired to not notice me watching.

'분명히, 틀림없이'라고 강조할 때나 '되게 ~한가 보다'라는 말을 표현할 때도 **'must be'**를 쓸 수 있어요. 'She must be super tired'라고 하면 '되게 피곤한가 보다'라는 뜻이에요. **'notice'**는 '인지하고 알아차리다', 'watch'는 '시켜보나', '수시하나'입니나. 따라서 'not to notice me'는 '내가 빤히 보는 것도 못 알아차리네'라는 말이죠.

 KEY WORDS snore 코 골다 notice 알아차리다 chilly 쌀쌀한 awkward 어색한

아라도 사표를 내고 시호의 'HRO 엔터테인먼트'에 합류한 후 리오의 정규 앨범을 작업 중이다. 밤샘 작업으로 지친 아라가 책상에 엎드려 깜빡 잠들었다. 곁에서 아라를 바라보는 리오를 시호가 창문으로 보고 있다.

Leo Why is she snoring like my dad?

She's funny even when she sleeps.

She must be super tired not to notice me watching.

It's chilly.

Let me put my jacket on her.

Siho Leo, this is going to get awkward.

리오 얘 뭐 이렇게 우리 아빠처럼 코를 골면서 자냐… 참.

자면서도 웃기네.

이렇게 빤히 봐도 모를 정도면 엄청 피곤했나 보다.

그나저나 서늘할 것 같은데? 잠바 좀 벗어 줘야겠다.

시호 리오야… 우리 좀 난감해질 것 같다.

Even getting into the top 100 isn't easy these days.

'**get into~**'는 '~에 들어가다', '~에 진입하다', 'top 100'은 '순위에서 상위 100등까지'를 뜻해요. 'Getting into the top 100'은 '상위 100위권 안에 들다'라는 의미입니다. '**these days**'는 '요즘에', '근래에'라는 뜻으로 '**nowadays**'도 비슷한 의미로 씁니다.

▶ 유튜브 레슨

KEY WORDS

place 등수   drumroll 북을 칠 때 빠르게 '두구두구두구' 하면서 연속으로 치는 소리
even ~조차   debut 데뷔하다   make it 해내다

요즘은 첫 진입으로 100위도 쉽지 않더라고.

드디어 정규 앨범이 발매되었다. 셋은 모두 떨리는 마음으로 차트 앞에 섰다.

Ara   Which place would you be? Drumroll….

Leo   Even getting into the top 100 isn't easy these days.
Just being in the 100 would be great.

Siho   Hey, did you see? 20th!
You debuted in the 20th place?
No way!!

Ara   Stop it! Kidding, did we make it?

Kidding   Ruff ruff.

아라   몇 위일까? 두구두구두구….

리오   요즘은 첫 진입으로 100위도 쉽지 않더라고.
      100위 안에만 들어갔으면.

시호   헉! 야… 봤어? 20위…? 첫 진입 20위? 말이 돼??

아라   으아아아아! 대박대박!! 농담아 우리 해낸 거야?

농담   망망!!!

I wasn't a big fan of his at first.

'**big fan**'은 '열성팬'이라는 뜻으로 'super fan', 'huge fan'이라고도 합니다. 그래서 '그 사람을 그렇게 좋아하지 않았어'라는 의미로 'I wasn't a big fan of his'라고 할 수 있습니다.

 KEY WORDS   light up 기뻐서 얼굴이나 눈이 환해지다   fangirl 소녀 팬, 팬 (팬이 되다)
at first 처음에는   glow 빛나다   belong ~에 소속하다

사실 뭐 저런 애가 다 있나 했었거든.

리오는 '생방송 음악세계' 리허설을 준비하고 있었다. 리허설 중인 리오를 아라가 모니터하고 있고 시호는 그런 아라를 바라보고 있다.

Siho   Your eyes are lighting up.

Ara   Yeah, that guy on stage, it doesn't feel like Leo.
I think I'm going to fangirl!
Siho, Leo seems to be doing ok these days.

Siho   Yeah. I've known him for a long time,
and I've never seen him like this.

Ara   I wasn't a big fan of his at first.
He's meant to be an artist.
He glows on stage.
He's where he belongs.
I'm so happy for him.

시호   너 눈이 막 반짝반짝 그러네….

아라   응. 오빠 무대 위에 저 사람 리오 아닌 거 같아. 팬될 거 같아 나(웃음).
그나저나 리오가 요즘 좀 다시 괜찮아진 것 같지?

시호   그러게. 오랫동안 리오 봐왔는데 요즘 같은 모습을 처음 보는 것 같아.

아라   사실, 뭐 저런 애가 다 있나 했었거든.
근데 연예인 맞는 것 같아. 무대에서 훨씬 빛나. 리오가 제 자리를 찾았네. 참, 좋다.

Day 6

Come on, no.

'**Come on**'은 '뭐? 하… 이게 뭐야, 말도 안 돼'라는 뜻인데요. 'Come on, no'는 '제발, 아 좀, 아니거든'이라는 의미예요. 상황에 따라 'Come on' 의 말투를 다르게 해서 다양한 표현을 할 수 있는데 'Come on, hurry up! 어서 빨리!' 하고 서두르는 상황이나 'Come on, you can make it! 자, 힘내. 넌할 수 있어!' 하고 응원할 때도 쓸 수 있어요.

 KEY WORDS   hit 대 인기, 히트   US 미국(United States (of America))

뭐라는 거야 설마!

시호는 아라가 리오를 보는 눈빛을 보며 심장 한켠이 싸하게 아파 오는 것을 느꼈다. 아무래도 시호의 슬픈 예감이 맞는 것 같았다.

Siho   Ara, do you like Leo?

Ara   Come on, no.

       Did you see this, Siho?

       The OST for this show was a hit in the US.

       Viewers are asking Leo to be a guest on the show.

Siho   I did get a call from the Lisa Show.

Ara   Really??

시호   아라야. 너… 리오 좋아해?
아라   …응? 뭐라는 거야 설마!
       참 오빠 이거 봤어?
       이 드라마 OST 미국에서 대박 났어.
       사람들이 리사쇼에 리오 초대하라고 난리인가 봐.
시호   그렇지 않아도 진짜 리사쇼에서 연락 왔어.
아라   헉… 정말이야?

꿈의 무대
영어 토크쇼, 한국어 자막 없어도 괜찮아

시호, 아라, 리오 그리고 스텝들은 '리사쇼' 참석차 미국으로 향했다. 시간이 촉박해 LA 공항에 도착하자마자 바로 '리사쇼' 스튜디오로 갔다.

 아라 지금 여기… 진짜 미국이고 진짜 '리사쇼' 대기실 맞는 거야?
현실성이 너무 없잖아!

 시호 하하! 이아라 출세했네. 잠깐 여기 있어 봐. 나 디렉터 좀 만나고 올게.

대기실에 아라와 리오 둘이 남았다.

 아라 나도 이렇게 떨리는데 너 너무 떨리겠다. 괜찮아?

 리오 이아라… 나 너무 떨려서 아무 말이나 막 나올 거 같아.
대본에 없는 질문 나오면 어떻게 하지?

 아라 너 잘하는 거 있잖아. 파… 파든?

 리오 나 진짜 그리고 또 멍 때릴 거 같은데(웃음).

 아라 근데 너 무대만 올라 가면 갑자기 다른 사람 되는 거 알아?
무대만 올라가면 진짜 너-무 멋있어지는 거 있지?
너 이래 놓고 또 엄청 잘할 거 다 알아.
어? 근데 너 왼쪽 턱 화장 수정 좀 해야겠다.

아라가 리오의 왼쪽 턱에 다가가는 순간, 리오는 웃음기 없는 얼굴로 아라를 올려다보았다. 리오가 천천히 자리에서 일어났다. 리오가 입은 커다란 검정 스웨터가 아라의 눈앞을 가로막았다. 따뜻한 섬유유연제 향이 코끝에 닿자 아라는 머릿속이 암전되는 것 같았다.

아라는 두 눈을 깜빡이며 숨을 참았다.

 리오 **할 말이 있어.**

그때였다.

 시호 **리오야 리허설 들어가자!!**

시호의 목소리가 들리며 동시에 문이 벌컥 열렸다. 시호는 대기실 안을 감도는 낯선 기류를 느꼈다. 멈춰 선 세 사람 사이에 3초간의 정적이 흘렀다.

 시호 **어… 지금 리허설 들어가야 할 것 같은데 혹시 어려운… 가?**

아라는 아득해진 정신을 붙들고 리오의 등을 떠밀었다.

 아라 **야야! 빨리 가.**
화장은 메이크업 실장님이 무대에서 한 번 더 봐주실 거니까 얼른 가!

'리사쇼' 무대 위, 촬영 준비를 하는 수많은 스텝 사이로 눈부시게 빛나는 리오가 있다. 아라에게 꼭 하고 싶은 말을 하지 못하고 무대로 올라온 리오는 생각에 잠겼다. 그 눈빛이 리오를 더욱 매력적으로 보이게 만들었다. 리허설이 끝나고 리오는 핸드폰을 들어 아라에게 메시지를 보냈다.

  From. 리오

> 아무래도…
> 농담이가 널 좋아하는 것 같아.
> **The problem is… I think me too.**
> (근데 문제는… 나도 그런 것 같아.)

This is so embarrasing.

'embarrassing'은 난처하고 민망하고 당혹스러운 기분을 표현할 때 쓰는 말입니다. 만일 영어로 '숨을 곳을 찾는다'를 직역해서 'I need a place to hide'라고 하면 민망하고 부끄러워서 숨고 싶다는 의미가 아니라, 정말 도피할 '숨을 곳을 찾는다'라는 의도와는 완전히 다른 뜻이 됩니다.

KEY WORDS

huge 어마어마한   footage 자료 영상, 특정한 장면이 나오는 화면
crack up 마구 웃기 시작하다   impersonation 인물 흉내 내기
embarrasing 당황스러운, 쑥스러운

저 잠시만 숨을 곳 좀···.

생방송 시작을 알리는 ON AIR 사인에 불이 들어왔다. 박수와 함성 신호에 맞춰 관객들이 격하게 리오를 반겼다.

Lisa Wow, Leo. I'm a huge fan.

I've seen footage of you before, but you're so much more handsome in person.

Leo Oh? Have you seen me before?

Lisa I was cracking up watching the Leo Show.

You do a great impersonation of me.

Leo I can't believe you watched that.

Gosh, this is so embarrassing.

리사 리오. 제가 리오 팬이거든요.
영상을 보고 멋지다고 생각했는데 실제로 보니 더 멋있는데요?

리오 네? 제가 나오는 걸 보신 적이 있으세요?

리사 리오, 리오. 제가 리오쇼를 보고 얼마나 웃었는지 알아요?
저랑 똑같이 흉내내던데요.

리오 그걸 보셨다고요?
저 잠시만 숨을 곳 좀···.

A day in the life of Leo Kim.

'**A day in the life of**'는 '~의 일상', '~의 하루'를 다룬 이야기 또는 그런 이야기를 다룬 장르를 말하는데요. '인생극장'이나 '나 혼자 산다'처럼 유명인이나 일반인의 아침부터 저녁까지 일상을 밀착 취재해서 보여 주는 영상이니 방송을 뜻해요. 이런 장르는 유명인의 소소한 일상이나 카메라 밖한 '사람'의 이야기에 포커스를 맞춰요.

 KEY WORDS   dying to 절실히 원하다   folks 여러분, 얘들아   take a look 보시죠
video clip 영상

리오는 통역사 없이 자연스럽게 대화를 이어갔다. 때로는 천천히 말을 고르기도 했지만 '리사쇼'의 오랜 팬으로서 리사와 직접 소통하고 싶었던 꿈이 이루어지고 있었다.

Lisa **The viewers are dying to know what goes on in your life.**

So, here it is folks, this is 'a day in the life of Leo Kim'.

Let's take a look.

(Video clip plays)

Leo **This is where I do most of my recordings.**

Can you smell that?

It's the scent of my sleepless nights and hard work, but mostly fried chicken, because Ara's here.

리사 팬들이 평소에 리오가 어떻게 지내는지 너무너무 궁금해해요.

자, 여러분 오래 기다리셨습니다.

'김리오의 나 열심히 산다!' 함께 보시죠!

(영상 재생)

리오 여기가 제가 주로 작업하는 작업실이고요.

아… 이게 무슨 냄새죠?

맞습니다. 바로 수많은 밤을 뜬눈으로 지새운 열정의 냄새죠(웃음).

근데 사실은 치킨 냄새가 더 많이 나네요. 여기 범인이 있군요 .

Day 3

Do I have food all over my mouth?

'**all over**'는 '이곳저곳', '여기저기'라는 뜻입니다.
오늘의 표현 중 'Do I have food (all over my mouth)?'는 '(입가에) 음식이
묻었어?'라는 뜻이에요.

KEY WORDS   label 음반사   clip 짧은 영상   rehearsal 리허설   all over 곳곳에

250

나 입에 뭐 안 묻어썽?

카메라는 시호와 아라가 있는 작업실 안을 비추고 있다. 둘은 한창 치킨에 열을 올리고 있었다.

Leo   This is Siho, the CEO of our label.
       This is Ara, she's part of our team
       and writes lyrics.
       Say hi Ara, this is for the Lisa Show.

Ara   Oh wow! Hello! I'm Ara Lee.
       Do I have food all over my mouth?
       Let's do this again!
       (After clip of Leo's rehearsal)

Lisa   That was so fun, Leo.
       It looks like your day starts and ends
       with Ara.

리오   여기는 우리 대표님 시호 형. 그리고 이 친구는 우리 회사 직원이자 작사가예요.
      이아라, 인사해. 리사쇼에 나갈 거야.
아라   어머! 뭐야 뭐야! 아… 안녕하세요, 이아라입니다.
      입에 치킨 안 묻어썽?
      다시 다시 찍어!! (리오의 노래 연습 영상이 이어진 후 영상이 끝나고)
리사   너무 재밌게 봤어요. 리오.
      근데… 어째 하루의 시작부터 끝을 아라랑 함께 하네요.

This is Leo Kim singing his most recent single.

'single'은 '단 하나의'라는 뜻이지만 앨범 발매의 한 종류인 '싱글' 앨범을 의미하거나 싱글 곡 자체를 뜻하기도 합니다. 신곡은 '**most recent single** 가장 최근에 (나온/발매된) 곡'이라고 합니다. 'This is Leo Kim singing'이라고 하면 '김리오가 노래를 하는 중입니다'가 아니라 '노래를 곧 시작할 것입니다'라는 의미예요.

 KEY WORDS basically 기본적으로, 근본적으로   workaholic 일 중독자   recent 최근의

김리오 씨의 신곡, 청해 듣겠습니다!

리사는 무슨 특별한 사이냐는 표정으로 짓궂게 리오를 바라본다.

Lisa   Yeah, that clip was basically
'a day in the life of Ara, featuring Leo.'

Leo   Haha. We're both such workaholics and
spend so much time at the studio.

Lisa   Well, now that we've seen what goes on
in your personal life, why don't we see the
superstar life on stage?
This is Leo Kim singing his most recent
single, Fly High, live!

리사 지금 본 영상에 이름을 붙이자면
'아라의 하루 : 리오 보조 출연' 정도 되겠네요.

리오 하하하, 워낙 두 사람 다 워커홀릭이라 작업실에만 있다 보니….

리사 자, 그럼 리오의 일상을 들여다봤으니,
이번에는 슈퍼스타 리오를 무대에서 만나 볼 차례입니다.
김리오 씨의 신곡, Fly High 라이브로 청해 듣겠습니다!

May I ask you to sing that for us as well?

오늘 표현은 이미 노래 한 곡을 불렀는데 '한 곡 더', '이 곡을 또 한 번 부탁해도 될까요?'라고 말할 때 씁니다. '~또한'이라는 표현은 **'as well'**을 사용했어요. 비슷한 뜻을 가진 다른 표현을 살펴볼까요. 'as well'은 문장의 중간에 오거나 맨 마지막에 오고 'too'는 문장의 거의 맨 마지막에 씁니다.

▶ 유튜브 레슨

 incredible 믿을 수 없는, 놀라운   perform 공연하다   as well 또한

한 곡 더 부탁해도 될까요?

리오가 노래를 시작했다. 고음과 저음을 자유롭게 넘나드는 매력적인 보이스에 모두 숨을 죽였다. 간주가 나오자 리오는 음악에 맞춰 춤을 추었다.

Lisa   **Wow! Incredible!**

Leo   **I can't believe I got to perform for you.**

Lisa   **The song that you were rehearsing in the video clip….**
I can't get it out of my head.
Is this in your album?

Leo   **No, it hasn't been released yet.**
It's my favorite because of the lyrics.

Lisa   **Oh my gosh!**
May I ask you to sing that for us as well?

리사   와! 와우!! 대단해요.
리오   리사 앞에서 춤과 노래를 하다니 믿기지 않아요.
리사   그런데 아까 그 영상에서 연습하던 노래 말인데요….
아직까지 귀에 맴돌아요.
발매된 곡인가요?
리오   아 그건 아직 미발표 곡이에요.
가사 때문에 제가 좋아하는 곡이에요.
리사   오 마이 갓! 한 곡 더 부탁해도 될까요?

I have a feeling you'll get millions of views.

'느낌이 왔어, 촉이 왔어, 감 잡았어'는 'I have a feeling'이라고 표현할 수 있어요. **'million'**은 '백만', **'millions'**는 '수백만'을 뜻하며, 정확한 숫자 대신 '아주 많은', '수많은'이라고 말하고 싶을 때도 쓰죠. 'get millions of views'는 '수많은 view(조회 수)를 올릴 것이다'라는 뜻입니다.

 KEY WORDS millions 수백만, 수많은   view 조회 수

something tells me 아무래도 이런 일이 곧 생길 것 같다, 그런 느낌이 온다

리오는 눈을 감고 노래를 시작했다. "오늘도 널 데리러 가" 아라가 진심을 담아 쓴 가사를
한 글자 한 글자 진정성 있게 불러 나갔다. 아라의 퍼즐 마지막 칸이 부디 맞춰지길 빌며.
모두가 숨을 죽인 채 대형 가수가 탄생하는 무대를 보고 있었다.

Lisa **Oh my god! I can't wait to listen to it on repeat!I have a feeling you'll get millions of views.**

Leo **Thank you. It's a song about helping a loved one to get to a better tomorrow.**

Lisa **The lyrics are beautiful. Did you write them yourself?**

Leo **Ara wrote them. Once again.**

Lisa **Something tells me that I'll see you two on my show again soon. Thanks for watching, and see you next time!**

리사 오 마이 갓! 계속 다시 듣고 싶어질 것 같아요.
내 예감이 틀린 적이 없는데 그 장면 조회 수 대박 예감인데요.

리오 감사해요. 연인에게 '내일은 덜 힘든 네가 되게 내가 도울게'라는 내용을 담은 노래예요.

리사 가사가 너무 좋은데요? 본인이 썼나요?

리오 공교롭게 또 아라네요.

리사 아무래도 곧 두 분을 다시 만날 것 같네요.
오늘 쇼는 여기서 마칩니다.

Fly high

널 만나기 전에 난 그랬거든
한 발 걸어도 두 발 뒤로
헤어 나올 수 없는 미로

But when I feel your breath
I can hear the breeze
걸음을 따라 반짝이는 햇살
마음을 흔드는 민트빛 바람
singing in the dark
dancing on the grass
길을 벗어날 용기를 내

Fly high
Like a dandelion
Fly High
up in the air
온 세상이 하얗게 번져가
더 높이 날아볼까
길을 잃어도 좋아

TIFF' Notes

현직 아이돌 영어쌤의
해설 노트

"마이 네임이즈…음…"

글로벌 아이돌 데뷔 조 연습생을
3개월 만에 영어 고수로 만든
현직 아이돌 영어쌤의 레슨 노트.
본문에서 다루지 않은 영문 스크립트 해설과
자연스러운 미국식 표현을 소개합니다.

Week 1

• 오늘 꼬이네.

Things are not going my way today.

'things'는 특정하지 않은 어떤 것들을, 'my way'는 '내가 원하는 대로'를 뜻해요. 그래서 'Things are not going my way'라고 말하면 '내 뜻대로 일이 안 풀리네'라는 의미가 되는 거죠.

• 영어로 간단히 자기소개 부탁합니다.

Why don't you tell me a little bit about yourself in English?

'Why don't you tell me'는 '말해 주세요'라는 표현이에요. 'Why don't you'라고 하면 '왜 안 해?'를 떠올리는데 '해보는 게 어때?', '해볼래?'와 같이 권유하는 뜻입니다.

🇺🇸 진짜 미국식 표현이 궁금해요!

Q. 'Drop the beat 드랍 더 비트'가 무슨 뜻이죠?

A. 랩 경연 프로그램에서 래퍼들이 DJ에게 'Drop the beat'라고 하는 말 혹시 들어 보셨나요? 'drop'은 '떨어트리다', 'beat'는 '박자', '리듬'이라는 뜻으로 랩을 시작하려고 하니 '박자 탈 수 있는 소리를 주세요', '랩 시작합니다'와 같은 의미로 쓰여요.

• 근데 어디서 많이 듣던 목소리인데…?

That voice sounds super familiar though.

'familiar'는 '익숙한', '친숙한'이란 말이며 'super'는 'very'의 구어체로 '매우', '엄청'이라는 뜻이죠. 즉, 'super familiar'는 '정말 친숙하다'라는 표현이죠.

• 아 기억이 날 듯 말 듯 한데….

It's on the tip of my tongue.

'tip of my tongue'은 '혀 끝부분'이라는 뜻으로 하고 싶은 말이 있는데 입밖으로 나오진 않고 혀 끝에서 머물고 있다는 의미예요. 생각이 날 것 같은데 그게 뭔지, 누군지 딱 떠오르지 않을 때 쓸 수 있죠.

Day 3

- 노래 잘하네요.

  You're a great singer.

  'singer' 하면 가수라는 직업을 뜻하기도 하지만 본문 스크립트에서는 '노래를 잘하는 사람'이라는 뜻으로 쓰였어요.

- 영어 실력이 좀 아쉽군요.

  Your English needs some work. (영어는 좀 더 해야겠네요.)

  'need'는 '~할 필요가 있다'로 영어 실력이 부족하니 '노력할 필요가 있다'라는 뜻입니다. 'work'는 '일' 또는 '노력'을 뜻해요.

🇺🇸 진짜 미국식 표현이 궁금해요!

Q. '트로트'라고 하면 외국인이 어떤 노래인지 알까요?

A. 한국 음악을 잘 모르는 외국인, 특히 영어권 사용자에게 'Trot'이라고만 하면 아직까지는 미국의 'fox trot(폭스트롯, 사교댄스의 일종, 춤곡)'을 먼저 떠올립니다. 한국의 트로트를 이야기할 때는 'Korean Trot'이라고 하면 더 명확하게 소통할 수 있어요.

Day 4

- 다음 질문드릴게요.

  A follow-up question is····.

  'follow-up'은 '후속으로'라는 뜻으로 앞에 한 질문과 관련이 있을 때는 'follow-up question'을 써야 합니다. (앞의 내용과 관계없는 질문을 할 때는 'next question'이 적절해요.)

- 꼭 이곳에서 가수가 되고 싶습니다.

  It'd be an honor to sign with your label.

  'It'd be an honor'는 '영광이에요', '정말 원하는 일이에요'라는 뜻입니다. 계약할 때는 서명이 필요하죠? 'sign'은 '서명하다', '계약하다'입니다.

🇺🇸 진짜 미국식 표현이 궁금해요!

Q. 유명한 사람한테 사인받았는데요. 이럴 때도 'sign'이라고 하면 되나요?

A. 'sign'은 '서명하다'는 뜻으로 계약서 같은 서류나 신용카드를 쓸 때 사용하는 표현입니다. 보통 유명인에게 받는 사인은 'autograph'라고 하죠. '사인해 주세요'라고 말하려면 'Can I get your autograph?'라고 하면 되겠죠.

Day 5

· 특유의 음악 스타일이 좋아서요.

I like your distinct style of music.

'distinct'는 '다른 것과 뚜렷하게 구별되는'이라는 의미로 '저는 당신(이 회사)의 뚜렷한 음악 스타일을 좋아해요'라는 뜻이죠.

· 뭐야, 저 어리바리.

He might be airheaded. (저 녀석 멍충이일지는 몰라도.)

'air'는 '공기', 'head'는 '머리'를 말하죠. 즉, 'airheaded'라고 하면 '머리가 텅 비었다'는 뜻이죠.

🇺🇸 진짜 미국식 표현이 궁금해요!

Q. 'airhead'는 '머리가 비었다'는 표현이라고 배웠는데요. 심한 말인지 일반적으로 무난하게 쓸 수 있는 말인지 궁금해요.

A. '머릿속에 공기가 차서 비어 있다'는 뜻으로 좀 어리버리한 사람을 칭할 때 쓰는 말입니다. 정말 '멍청하다 stupid'라는 뜻보다는 열쇠를 손에 쥐고 10분 동안 찾는 작은 실수를 자주하는 사람에게 쓰는 표현이에요. 칭찬하는 표현은 아니니 자주 쓰지는 않는게 좋겠네요.

Day 6

· 여러모로 서로 말 섞지 않는 게 좋을 거 같은데?

I don't think it's a good idea for us to be talking.

'I don't think it's a good idea for us'는 '우리한테 그건 좋은 생각이 아니야'라는 뜻이에요. 'talk'는 '이야기 나누다'라는 뜻으로 'to be talking'이라고 표현하면 '대화하는 것'을 의미한답니다.

· 나도 나지만 너도 영어 심하더라.

I'm not so great either, but your English was embarrassing.

'나 또한 아니야'처럼 부정하는 내용에 맞장구칠 때는 'either ~또한 아니다'를 붙여서 말해요. 'embarrassing'은 난처하거나 창피하다는 뜻이고요. 예를 들어 볼게요.

'I can't go either. 나도 못 가.'

Week 2

Day 1

• 어떻게 친해진 거야?

How did you make him warm up to you?

'make'는 '어떤 모습이나 행동을 하게끔 하다'라는 뜻으로 'You make him warm up'은 '네가 그를 warm up 하게 했다'는 말입니다. 예를 들어 볼게요. 'You make me smile. 넌 날 웃게 해.'

좀 더 자세하게 설명해 볼게요. 'warm up'은 '따뜻해지기 시작하다', 즉 '좋아하기 시작하다'라는 뜻이 되는 거죠.

• 이제 마음을 좀 연 거 같죠?

He seems to be opening up.

'open up'은 '열다 (마음을 열다)'라는 뜻입니다. 반대로 '닫다 (마음을 닫다)'는 'close down', 'shut down'이라고 합니다. 자신의 생각을 말할 때 'seem to be ~한 모양이다', '~한 것 같다'를 넣으면 훨씬 부드럽게 표현할 수 있어요.

🇺🇸 진짜 미국식 표현이 궁금해요!

Q. 영미권에서는 강아지가 내는 소리를 어떻게 표현하나요?

A. bark: 짖다, yap: 짖다 (작은 강아지가 시끄럽게 짖는 소리), ruff ruff: 멍멍거리는 소리, bow wow: 멍멍거리는 소리, howl: 울부짖다, whine: 끙끙대다, pant: 헥헥대다 같은 표현이 있어요.

Day 2

• 지금 (동물)병원에 치료받으러 갔어.

He's at the vet now. (걘 지금 동물병원에 있어.)

수의사는 영어로 'veterinarian', 줄여서 'vet'이라고 해요. 동물병원은 수의사가 있는 곳이므로 'veterinarian office' 또는 'the vet'이라고 하죠.

🇺🇸 진짜 미국식 표현이 궁금해요!

Q. 'run'은 '달리다'라는 뜻인데 'run late'는 '늦게 달린다'가 아닌 '늦어진다'로 해석하는데요. 왜 그렇죠?

A. 'run'은 '뛰다'라는 뜻 외에도 무언가가 멈춰 있지 않고 잘 돌아가거나 일이 진행될 때 쓰는 표현이죠. 비슷한 예로 영화 'running time'도 영화가 얼마 동안 상영되는지를 뜻하는 말입니다. 'They are running late'는 '그들의 (예상했던) 일정이 늦어지네', 혹은 '돌아오는 중일 텐데 그 속도나 진행이 더디네'라는 뜻이죠.

Day 3

- 그 남자 연예인인 줄 알았잖아.

  I thought he's some kind of celebrity.

  'kind of'는 '어떤 종류의', '일종의', '약간', '~같은'으로 'kind of celebrity'는 '연예인 같은 사람인 줄'이란 뜻입니다. 'celebrity'는 'celeb', 즉 '유명인'이라는 뜻이죠.

🇺🇸 진짜 미국식 표현이 궁금해요!

Q. 'Inside and out'이라는 표현을 쓸 때 'and'를 빼고 'inside out'이라고만 해도 되나요?

A. 'Inside and out'의 'and'는 '더하기'의 뜻이에요. 예를 들어 설명해 볼게요. 'He's beautiful inside and out'은 '내면과 외면이 둘 다, 모두 아름답다'는 뜻이죠. 반면 'inside out'의 'out'은 '겉으로'라는 방향을 나타내어 '속을 겉으로 뒤집다'라는 뜻이 됩니다.

Day 4

- 너 흰둥이었구나?

  You have a white coat!

  흰 코트를 입은 것처럼 하얀 털을 가진 강아지에게 하는 말이에요. 'You have white fur! 넌 털이 희구나'라고도 표현할 수 있어요.

🇺🇸 진짜 미국식 표현이 궁금해요!

Q. '뻥이야'는 영어로 뭐라고 하나요?

A. '뻥이야'라는 표현은 '거짓말이야'보다는 '농담이야'라는 말에 더 가깝죠? 오늘 표현에 나온 주인공 반려견 '농담이'의 영어 이름이 바로 'Kidding'이었죠. '농담이야'라는 말은 'I'm just kidding'을 줄여서 'Just Kidding' 또는 'Kidding'이라고 하거나 'I'm joking', 'I'm joking around'라고 말하면 됩니다.

Day 5

• 네가 강아지를 키운다고?

YOU are getting a puppy?

이 문장은 어디를 강조하느냐에 따라 뜻이 살짝 달라져요. 보통은 '너 강아지 키울 거야?'라는 뜻이 되지만, 'YOU'를 강조해서 물어보면 '네가 강아지를 키운다고? 말도 안 돼!'라는 뜻이 됩니다.

🇺🇸 진짜 미국식 표현이 궁금해요!

Q. 저희 집에는 귀여운 '비숑' 자매 세 마리가 있는데요. 한 번씩 거실 끝에서 끝까지 엄청난 속도로 뛰어요. 그걸 '우다다'라고 하는데 영어로도 이런 표현이 있나요?

A. 비행기가 '슝~ 하고' 날아가는 소리를 영어로는 'zoom'이라고 하는데요. 비슷한 소리를 따와서 강아지가 집안을 엄청난 속도로 빨리 달리는 행동인 '우다다'를 'zoomies'로 표현할 수 있어요. 예를 들어 볼게요.

'My dog has the zoomies. 우리 개가 우다다한다.'

'He's got the zoomies. 쟤 우다다한다.'

Day 6

• 고양이 주인님이 집사를 부르네.

Kitty is calling for her hooman!

고양이를 키우는 집은 고양이가 주인이고 주인이 집사죠. 'hooman'은 'Human 인간'에서 따온 표현인데 반려동물이 우위에 서서 주인을 부리듯이 'hooman 인간!' 하고 외치는 뜻이죠. '후-먼'에 가깝게 발음하면 돼요.

🇺🇸 진짜 미국식 표현이 궁금해요!

Q. 저는 고양이 두 마리를 키우는데요. 고양이 관련된 다른 영어 표현도 알려 주세요!

A. 많이 쓰는 다섯 가지 표현을 알려드릴게요.

1. meow 야옹
2. cat loaf 식빵 굽는다
3. toe beans 고양이 발바닥
4. hiss 하악대다
5. purr 골골송 (고양이가 만족스러워서 크르릉대는 소리)

Week 3

Day 1

- 너무 귀여워!
  What a cute puppy!

  'a cute puppy'는 '귀여운 강아지'라는 뜻이죠. 이럴 때 'What'을 앞에 써주면 '뭐야'가 아니라 '완전', '엄청' 강조하는 뜻이에요. 예를 들어 볼게요.

  'What a beautiful day! 오늘 날씨 진짜 좋다!'

  'What a sad story! 정말 슬픈 이야기다!'

- 쟤가 주인 말고 다른 사람한테도 가네?
  He responds to other people too?

  'respond to'는 '반응하다'라는 뜻입니다. 'other people'은 '(주인을) 제외한 다른 사람들'이라는 뜻이에요.

Day 2

- 농담이가 배 내밀고 눕는 거 처음 봐.
  I've never seen Kidding show his belly to anyone but me.

  (나 아닌 다른 누구에게 농담이가 배 보이는 걸 한 번도 본 적이 없어).

  'I've never seen'은 '한 번도 본 적이 없어', 'anyone but me'는 '아무한테도 안 하지만 나한테는 한다'라는 뜻이에요.

🇺🇸 진짜 미국식 표현이 궁금해요!

Q. 저희 강아지는 '빵야' 하면 배를 보이는데 진짜 귀여워요. '손' 하면 앞발도 척 올리고 '앉아' 하면 앉아요. 근데 영화에서 보면 미국 강아지들은 영어로 알아듣고 앉던데 뭐라고 하는 건가요?

A. 반려동물과 자주 쓰는 여섯 가지 교감 표현을 알려드릴게요.

1. Sit. 앉아.
2. Speak. 말해, 짖어.
3. Stay. 기다려.
4. Paw. 손.
5. Roll over. 굴러.
6. Bang. 빵야.

Day 3

· 다음 주 월요일 오전 9시까지 와 주시기 바랍니다.
Please be here by 9am next Monday.

늦어도 9시까지는 도착을 완료해야 하므로 이럴 때는 'by'를 써서 'be here by 9am'이라고 할 수 있어요. 다음 주는 'next'를 써서 'next Monday 다음 주 월요일', 'next week 다음 주'라고 할 수 있어요.

🇺🇸 진짜 미국식 표현이 궁금해요!

Q. 서바이벌 쇼는 영어로도 'survival show'인가요?

A. 우리나라에서 흔히 우승자와 탈락자가 나오는 서바이벌 쇼를 영어로는 'reality show', 'competition show' 또는 'reality competition show'라고 해요. 물론 'survival show'도 있는데요. 여기서 'survival'은 말 그대로 '생존'이라는 뜻으로 내용이 좀 더 무거운, 생사가 갈리는 프로그램이라는 뜻이 조금 더 강합니다.

Day 4

· 암튼 잘된 거 아니야?
That means you're moving forward. (너가 앞으로 나아가고 있다는 뜻이잖아.)

'forward'는 '앞으로 가는'을 뜻하는 말로 'moving forward'라고 하면 '앞으로 나아가다', '전진하다'라는 뜻이에요.

🇺🇸 진짜 미국식 표현이 궁금해요!

Q. SNS에 남친이랑 찍은 사진을 올렸는데 'so jelly'라는 댓글이 달렸더라고요. 번역기를 돌렸더니 '너무 젤리'라고 나오던데 저희가 젤리처럼 달달해 보인다는 말일까요?

A. 달콤하고 쫀득한 젤리도 'jelly'지만 댓글에 달린 'jelly'는 'jealous', 즉 '부럽다'는 뜻이에요. 'I'm so jealous 너무 부럽다/진짜 좋겠다' 이 말을 줄여서 'I'm so jelly'라고도 씁니다.

Day 5

🇺🇸 진짜 미국식 표현이 궁금해요!

Q. '불합격입니다'를 영어로 하면 'you failed'인가요?

A. 'fail'은 보통 '실패', '패배'라는 뜻이죠. 합격이라는 단어는 상황에 따라 조금 다르고 '불합격'보다는 '합격하지 못했다'라고 풀어 쓰는 경향이 있습니다.

세 가지 예를 들어 볼게요.

1. 합격이나 불합격' 이후에 일어날 일 : 1차 면접에 합격했다면 'You passed the first round' 보다는 'You're moving to the second round'가 더 많이 쓰입니다.

2. Pass 자격시험 합격 : 변호사 자격시험, 의사 자격시험 등 어떤 자격이 주어질 때 많이 쓰입니다. 'I passed the bar 변호사 자격시험 합격했어', 'I passed my driving test 도로주행 시험 합격했어' 이때도 불합격이면 'I didn't pass the bar 변호 자격시험에 합격 못했어'라고 하지 'fail'이라는 표현은 쓰지 않습니다.

3. Accepted 학교 합격 : 예를 들어 볼게요. 'I got accepted to Columbia University!', 'I got into Columbia! 나 컬럼비아 대학교에 붙었어!' 불합격이면 'I got rejected 나 불합격이야'라는 표현을 쓸 수 있습니다.

Day 6

• 영어가 발목 잡는 건 아닌지….

I'm not sure about my English. (내 영어 실력에 자신이 없어.)

'I'm not sure'는 '확신이 없어요, 잘 모르겠어요'라는 말이에요. 비슷한 표현을 알아 볼까요.

'**I don't feel great about my English.** 제가 영어를 썩 잘하는 것 같다는 생각이 안 들어요.'

'**I'm not confident with my English.**'

🇺🇸 진짜 미국식 표현이 궁금해요!

Q. '도전하다'는 영어로 'challenge' 아닌가요? '도전해 봐'를 영어로 할 때 왜 'challenge'가 아닌 'try out'을 쓰나요?

A. 'challenge'는 '시도해 보다'라는 뜻보다는 '시비를 가리다', '싸움을 걸다'는 의미의 도전을 뜻합니다. 새로운 시도를 의미하는 도전을 권유할 때는 '한번 해봐라'를 뜻하는 'try out', 'give it a shot' 등의 표현이 더 적절합니다.

Week 4

Day 1

- 인터뷰에서 어느 정도 말씀을 하셨던 분들이죠.

You were able to express yourselves to a certain extent.

'express'는 '표현하다'라는 뜻으로 'You were able to express yourselves'는 '여러분 자신 (yourselves)을 표현할 수 있었어요'라는 말입니다. 'certain extent'은 '어느 정도'라는 뜻이에요.

🇺🇸 진짜 미국식 표현이 궁금해요!

Q. 면접을 앞두고 긴장한 친구에게 긴장하지 말라고 말해 주고 싶은데 영어로는 어떻게 말하나요?

A. 'nervous'는 '불안한', '초조한'으로 'don't be nervous'라고 하면 '긴장하지 마'라는 뜻입니다. 비슷한 표현을 알아 볼까요

'Don't worry. 걱정하지 마.'

'Don't freak out. 너무 기겁하지 마.'

Day 2

- 나 어떻게 하는 건지 잘 모르겠어.

I'm not sure how to do this.

'sure'는 '확실하다'는 뜻으로 'I'm not sure' 하면 '잘 모르겠어요'라는 의미입니다. 'How to do'에서 'do'는 '(행동을) 하다'는 뜻으로 'how to do'는 '어떻게 하는지'라는 의미입니다. 비슷한 표현을 알아 볼까요.

'I don't know how to do this. 이건 어떻게 해야 하는지 모르겠어.'

- 주제는 소개팅이야.

The subject is blind dates.

'blind'는 '앞이 안 보이다'는 뜻인데 'blind date'는 첫 데이트 전까지는 서로에 대해서 전혀 아는 게 없다고 해서 'blind'라는 표현을 씁니다. 여러 종류의 와인을 놓고 맛을 보는 'wine blind tasting'도 비슷한 의미로 'blind'를 쓴 거죠.

Day 3

- 저 사실 학교 축제 때 오빠 춤추는 거 봤거든요.
  I actually saw you dancing at the school talent show.
  'actually'는 '사실은…'이라는 뜻으로 말을 시작할 때 습관적으로도 많이 쓰는 표현이지요. 'I saw you dancing'은 '너 춤추는 거 봤어'라는 말이에요. 'talent show'는 '장기 자랑'입니다.

🇺🇸 진짜 미국식 표현이 궁금해요!

Q. 상대방의 말을 잘 못 알아 들었을 때 영어로 어떻게 표현하면 될까요?

A. 많이 쓰는 세 가지 표현을 알려드릴게요.

   1. **Can you please repeat that slowly?** 천천히 다시 말씀해 주실 수 있나요?

   2. **I'm sorry. I didn't understand you.** 죄송한데요, 무슨 말씀인지 못 알아들었어요.

   3. **Do you mind speaking a bit slowly?** 혹시 조금 천천히 말씀해 주실 수 있을까요?

Day 4

- 최근에 꽂힌 노래가 있는데.
  I'm obsessed with this song.
  'I'm obsessed with'는 '나 ~에 집착해' 또는 '푹 빠지거나 중독됐어'라는 뜻이에요.

🇺🇸 진짜 미국식 표현이 궁금해요!

Q. 최근 'A'라는 아이돌 그룹에 푹 빠졌어요. 'A에게 빠져 있다'는 말을 영어로 하고 싶은데 'I'm obsessed with A'라고 하면 맞나요? 어떤 표현이 있을까요?

A. 많이 쓰는 세 가지 표현을 알려드릴게요.

   1. **I'm A's stan.** ('stan'은 Eminem의 노래 Stan의 캐릭터 이름인데 '광팬'이라는 의미로 쓰입니다.)

   2. **I'm madly in love with A.**

   3. **I'm a super fan of A!**

Day 5

- 아직 영어가 잘 들리진 않을 거야.

It'll be difficult to make out everything you hear.

'make out'은 '이해하다', '알아듣다'라는 뜻으로 다른 표현으로는 'figure out'을 쓸 수 있습니다. 예를 들어 볼게요.

'It'll be difficult to figure out everything. 전부 다 알아내기는 힘들 거야.'

🇺🇸 진짜 미국식 표현이 궁금해요!

Q. 'Good job'은 'good 좋은'과 'job 직업'을 더해서 '좋은 직업'이라는 뜻 아닌가요?

A. 'job'은 '직업'이라는 뜻도 있지만 '작업', '일'이라는 뜻도 있습니다. 'nose job'이라고 하면 '코 작업', 즉 '코 성형수술'이라는 뜻이 되기도 하죠. 'Good job'이라고 하면 친구나 가까운 사람 혹은 자신보다 어린 사람에게 '잘했어'라고 칭찬하는 뜻입니다. 이렇듯 단어 'job'에는 다양한 뜻이 있죠. 참고로 'Good job'은 본인보다 직급이 높거나 더 어른에게 쓰기에는 조금 무례할 수 있는 표현이에요.

Day 6

- 운전하고 가서 좋은 경치 보고 오면 가슴이 트이더라고요.

It's so refreshing every time I go for a scenic drive.

'기분 전환되고 가슴이 탁 트인다'는 표현은 'It's refreshing'이라고 할 수 있어요. 'scenic drive'는 경치가 좋은 드라이브 코스를 뜻해요.

🇺🇸 진짜 미국식 표현이 궁금해요!

Q. 스트레스 받았을 때 '힐링이 필요해'라는 말을 하잖아요. 영어에서도 힐링이라는 표현을 쓰나요?

A. 'healing'은 영어로 몸이나 마음의 치유, 치료를 뜻하는 단어죠. 영어로도 '마음의 치유'라는 의미로 'healing'을 씁니다. 'That was a healing experience for my soul. 영혼이 치유되는 것 같은 경험이었어요.' 비슷한 단어로 'therapeutic'을 쓸 수 있습니다. 'Going for a drive is therapeutic for me. 드라이브를 가면 기분 전환이 돼요.' 일반적으로 몸이 회복될 때는 'recovery (신체의) 치유'를 많이 씁니다. 'I'm recovering from the surgery. 수술 후에 회복하고 있어요.'

Week 5

- 우리 가게는 외국인 손님들이 많이 와요.

  A lot of our customers are English speakers. (영어를 사용하는 고객들이 많아요.)

  본문에서 '외국인 손님들이 많이 오니 영어를 할 줄 아는 직원이 필요해요'라는 이야기가 나왔는데요. 여기서 '외국인 손님'이란 말 속에 '외국인 (foreigner)= 영어 사용자'라는 뜻이 은연 중에 내포되어 있어요. 하지만 영어 사용자 입장에서는 영어가 주 언어이므로 이럴 때는 명확하게 영어 사용자 'English speakers'라고 표현하는게 좋습니다.

- 간단한 영어 회화와 주문받기 정도는 할 수 있나요?

  Are you able to communicate and take orders in English?

  (영어로 대화하고 주문받을 수 있나요?)

  'Are you able to~?'는 '~를 할 수 있는 능력이 있나요?', '~가능한가요?'라는 뜻이에요. 첫 번째 'communicate in English 영어로 대화하고', 두 번째 'take orders in English 영어로 주문받는 것' 두 가지를 할 수 있는지 묻는 질문입니다.

- 끝나고 바로 편의점으로 가면 돼.

  I can head straight to the store. (곧 바로 가게로 가면 돼요.)

  'head'는 '머리'라는 뜻 외에도 '~방향을 향하다', '그쪽으로 가다'라는 뜻이죠. 'I can head to the store'은 '(일하는) 가게로 갈 수 있어'라는 뜻으로 'straight'는 '즉시', '곧장'입니다.

🇺🇸 진짜 미국식 표현이 궁금해요!

Q. 'soda'는 '베이킹소다' 아닌가요?

A. 'soda'는 'sodium carbonate (탄산나트륨)=baking soda'라는 뜻도 있지만 '탄산음료'라는 뜻도 있습니다. 재미있는 것은 미국 지역마다 탄산음료를 지칭하는 단어가 다른데 서부와 동부 해안가 지역에서는 주로 'soda', 중서부 지방에서는 'pop', 남부에서는 'coke (코카콜라가 아닐 때에도)'라고 부릅니다.

Day 3

- 당연히 생각해 봤지.

  Of course, I've been thinking about it.

  'I've been thinking'은 'I have been thinking'의 줄임 말로 한 번쯤 생각해 본 게 아니라 여러 번 곱씹어서 생각해 봤을 때 쓸 수 있는 표현이에요. 'think about it'은 '~에 대해 생각하다'라는 뜻이에요.

🇺🇸 진짜 미국식 표현이 궁금해요!

Q. 재능을 타고나는 사람도 있고 열심히 노력하는 사람도 있잖아요. 노력파를 영어로는 뭐라고 하나요?

A. 노력파는 'hard worker'라고 할 수 있는데 'underdog'라는 단어를 쓸 수도 있습니다. 우승 확률이 적은 팀이나 선수를 일컬어 'underdog'라고 하죠. 타고난 재능은 없지만 조용히 노력해서 모든 사람의 예상을 깨고 승리하는 경우에 많이 쓰입니다. 비슷한 단어로 'dark horse'가 있어요. 예를 들어 볼게요.

  'Leo's the underdog who no one expected to win this round.'

  '리오는 모든 사람의 예상을 깨고 우승한 노력파야.'

Day 4

- 매일 시뮬레이션을 했더니 자신감이 좀 생겼어.

  I'm now more confident after the daily simulation sessions.

  'after the daily simulation sessions'은 '매일 하는 시뮬레이션 세션 후에 이제는 (now) 더 자신 있어졌어 (I'm more confident)'라는 뜻입니다. 'session'은 시간을 정해서 하는 활동이에요.

- 내가 관심 있는 주제에 대해서는 자신 있게 말할 수 있어.

  Anything that I'm interested in I can talk about it confidently.

  '나 그거 관심 있어'라고 할 때는 'I'm interested in + 그거(관심 있는 주제)'라고 해요. 본문에서는 '뭐가 됐든 관심 있는 것'은 이라는 표현을 'anything I'm interested in'이라고 했어요. 'confident'는 '자신감 있는', 'confidently'는 '자신감 있게'라는 뜻이에요.

Day 5

- 이상형이요? 저는 밝은 사람이 좋아요.
  My type? Someone with bright energy.
  이상형은 'ideal man/woman' 또는 간단히 'type'라고 할 수 있어요. 어떤 사람의 성격이나 분위기가 밝을 때는 'bright'라는 단어를 씁니다.

- 그냥 존재만으로도 같이 있는 사람까지 기분이 좋아지는 그런 사람이요.
  A person who can light up the room! (방을 환하게 빛을 밝히는 그런 사람이요.)
  'light up'은 불이나 전기로 빛을 밝히는 것뿐만 아니라 분위기를 환하게 밝히거나 긍정적으로 변화시킬 때도 쓰는 표현이에요. 예를 들어 볼게요.
  '**You light up my life.** 넌 내 인생을 더욱 빛나게 해.'

▤ 진짜 미국식 표현이 궁금해요!

Q. 안부 인사가 아닌 진짜 밥(식사)을 먹었는지 물어보고 싶은데 영어로 어떻게 말하나요? 그리고 제가 '밥 먹었어?'라고 물어보면 상대방이 어떻게 생각할까요?

A. 'Did you eat?'이라고 간단하게 물어볼 수 있어요. 영어로 물어볼 때는 안부를 묻는 표현이 아니라 정말 밥을 먹었는지 알아야 할 때 쓸 수 있어요. 예를 들어서 누군가를 집에 초대해 음식을 대접하면서 'There's a lot of food at the table. Did you eat? 식탁에 음식 잔뜩 있는데 밥 먹고 왔어?'라고 할 때 자연스럽겠죠.

Day 6

- 자, 수고하셨습니다.
  Thank you everyone for your hard work! (다들 열심히 해주셔서 감사합니다.)
  '수고했다'라는 말에는 어떤 일을 마무리하는 시점에서 '감사해요', '고생했어요'라는 의미를 동시에 담고 있지요. 'hard work'는 '노고 (열심히 고생한 것)'라는 뜻입니다.

▤ 진짜 미국식 표현이 궁금해요!

Q. 지난 달은 'last month'로 알고 있었는데요. 'past month'랑 'last month'랑 다른 뜻인가요?

A. 둘 다 지난 달이라는 의미로 쓰일 수 있는데 'past month'라고 하면 '지난 한 달간', 즉 '한 달 전부터 지금까지'라는 기간의 뜻으로 주로 쓰이고, 'last month'는 '지난 달', 즉 과거의 한 시점을 얘기할 때 많이 쓰입니다. 예를 들어 볼게요.
  '**I went shopping last month.** 저번 달에 나 쇼핑 갔었어.'
  '**I've been going shopping nonstop the past month.** 지난 한 달 동안 계속 쇼핑 갔었어.'

Week 6

Day 1

• 저는 커피 진하게 마셔요.

I like my coffee strong.

'strong coffee'는 '진한 커피'라는 뜻이에요. 'I like my coffee 내가 좋아하는 커피 스타일은 + strong 진한 커피예요'라고 할 수 있어요. 연한 커피는 'mild coffee', 'light coffee'라고 합니다.

🇺🇸 진짜 미국식 표현이 궁금해요!

Q. 대 놓고 하는 잘난 척 말고 은근히 자기 자랑하는 건 영어로 뭐라고 표현할까요?

A. 영어로는 'humblebrag'라고 합니다. 'humble'은 겸손하다는 뜻인데 'humblebrag'는 겸손하게 자기 자랑하는, 즉 '은근히 아닌 척 자기 자랑하'는 걸 얘기합니다. 예를 들어 볼게요.

'He said he is disappointed in himself that he only has one world record. What a humblebrag!'

'걔가 글쎄 자긴 너무 아쉽다는 거야. 세계 기록이 하나밖에 없대나. 하여간 은근 자랑질이야.'

Day 2

• 연락도 없이 언제 왔어?

I wasn't expecting you. (너 올 줄 몰랐는데.)

'expect'는 '어떤 일이 발생할 거라고 예상한다'는 말로 친구가 올 거라고 생각하지 못한 상황에서 당황함과 반가움을 섞어 쓸 수 있어요.

🇺🇸 진짜 미국식 표현이 궁금해요!

Q. 치킨집에서 알바를 하는데요, 마카로니 뻥튀기를 서비스로 드리거든요. 외국인 손님께도 드렸더니 시키지 않은 메뉴가 나왔다고 해서 '서비스'라고 하니 못 알아 듣는 분위기더라고요. 영어로 뭐라고 하나요?

A. 우리나라에서는 '서비스로 드린다'는 표현을 많이 쓰는데 영어로는 '(This is) on me 내가 낼게'라는 표현을 써서 '(This is) on the house 가게에서 돈을 내 준다'고 표현할 수도 있고, 'These are complimentary snacks 공짜 간식입니다'라고 할 수도 있습니다.

Day 3

- 우리 편의점 근처에 자꾸 고양이 밥 두는 인간 대체 누구야!?

Who keeps putting cat food outside of my shop?

(누가 계속해서 고양이 밥을 내 가게 앞에 놓는 거야?)

누구인지 그 사람이 궁금할 때는 'Who?'로 질문을 시작하면 됩니다. 'keep'은 계속해서 반복적으로 행동할 때 사용하죠.

- 그냥 두죠 뭐.

Why don't we just let them be here? (여기 그냥 있게 할까요?)

'Why don't we~'는 '왜 안 해?'가 아니라 '~하자'라는 뜻이죠. (Week 1 day 1의 'Why don't you tell me a little bit about your self in English'를 참고해 주세요.) 'let'은 '내버려 두다', '허락하다'라는 뜻으로 본문에서는 '고양이들(them) 그냥 있게 해주자 let them be here'로 쓰였어요.

Day 4

- 이제 밥그릇 두고 갈 수가 없어.

I can't leave the bowls anymore.

'leave'는 '그 자리에 내버려 두다'라는 뜻입니다. 'bowl'은 밥공기나 국그릇처럼 우묵한 그릇을 가르키는데요. 참고로 한국어로 샐러드 등을 버무릴 때 쓰는 'mixing bowl'을 '믹싱볼'이라고 하지만 실제 영어 발음은 '보-울'에 가깝습니다.

🇺🇸 진짜 미국식 표현이 궁금해요!

Q. 'diner'는 저녁 식사로 알고 있었는데 미드를 보니, 식당 간판에 'diner'라고 써 있어요?

A. 'diner'는 'dinner' 저녁이랑 비슷해 보이지만 'diner'는 간이식당 혹은 식당에서 밥 먹는 손님을 칭할 때 씁니다. 발음도 저녁 식사 [디너]와 다르게 [다이너]에 가깝게 해요. 이외에도 식당을 뜻하는 다양한 표현을 알아볼까요.

restaurant 일반적인 식당, 고급 식당

diner 마을에 있는 작은 식당

eatery 음식을 먹을 수 있는 장소 (각종 레스토랑, 식당 등을 포함하는 단어)

cafeteria 구내식당

Day 5

• 안 그래도 지금 가사 시안 받고 있거든.

I was just getting submissions for lyrics.

'submission'은 서류 등을 제출하는 것을 의미해요. 본문에서 '지금 가사 시안을 받고 있다'는 말은 '지금 접수 중인데', '지금 지원받고 있는데'라는 의미로 'get submission'을 써서 '지금 가사 모집하고 있어'라고 표현했어요.

• 음악 감독님께 이 가사도 보내 볼게.

I'll send them along to the producer.

'send along'은 '어떤 물건이나 사람을 같이 보낸다'는 뜻으로 음악 감독에게 메일 보낼 때 아라가 보낸 가사를 같이 첨부해서 보낸다는 의미예요.

Day 6

• 채널 돌려야겠다.

I'm going to change the channel.

티브이 채널을 변경한다는 말은 영어로 'change the channel 채널을 바꾸다' 혹은 'switch the channel 채널을 전환하다'라고 해요. 참고로 어떤 걸 볼지 결정하지 못하고 여러 채널을 쭉 돌려 보는 것은 'channel surfing', 'flipping through the channels'라고 해요.

• 재방송 봐야 해!

Must watch the reruns!

'must'는 '반드시 해야 해!'라는 뜻이죠. 'rerun'은 '재방송' 또는 영화 '재상영'을 뜻해요.

Week 7

Day 1

- 도전자들끼리 엄청 싸우거든.
  The contestants get into quite a few arguments.
  'get into'는 어떤 일에 발을 들이거나 시작하는 것을 뜻해요. 'get into arguments'는 '논쟁을 벌이다'라는 뜻으로 참가자들이 'quite a few arguments 꽤 많은 논쟁을 벌이다 (말싸움을 자주 한다)'는 것을 알 수 있죠.

🇺🇸 진짜 미국식 표현이 궁금해요!

Q. 'quite a few'는 '서너 개'라는 뜻이 아닌가요? 왜 '엄청'이라고 해석하나요?

A. 'few'라고만 하면 '서너 개'라는 뜻이지만 'quite 꽤'라는 단어를 앞에 붙이면 여러 개라는 뜻이 됩니다. 이외에도 'a minute', 'a second'는 보통 '잠깐'이라는 뜻으로 쓰이지만 'It's been a minute (직역 : 1분이 지났다)'는 '실제로는 꽤 오랜 시간이 지났다'는 뜻으로 쓰입니다.

Day 2

- 왜 시비를 걸어?
  Why are you stirring the pot?
  'stir the pot'은 '냄비를 휘젓는다'는 뜻이죠. 가만히 있는 사람을 괜히 건드리고 문제를 일으킬 때 쓸 수 있는 표현이죠.

- 야! 제발 좀 그만해!
  Cut it out, you guys!
  'cut'은 '자르다'라는 말이죠. 'cut out'은 다른 사람이 하는 행동을 보고 '그만 해'라고 하는 말이에요. '그만 싸워!'라고 할 때 'Cut it out!'이라고 하면 됩니다.

Day 3

- 앞으로 나와 주세요.

  Please step forward.

  'forward'는 '앞으로 나아가다', '전진하다'라는 뜻이에요. '뒤로 가 주세요'는 'Please step back'이라고 합니다. 예를 들어 볼게요.

  'One step forward, two steps back. 1보 전진, 2보 후퇴.**'**

- 모델다운 센스가 있어요.

  You have the quick wit to be a model.

  'wit'는 '기지', '재치'라는 뜻으로 'have a quick wit'는 눈치가 재빠르고 센스가 있을 때 쓰는 말이죠. 'to be a model'은 '모델이 되기에'라는 뜻이에요.

🇺🇸 진짜 미국식 표현이 궁금해요!

Q. 알바 끝나면 서로 '수고하셨습니다'라고 인사하는데 오늘 배운 표현, 'Thank you for your time'이라고 하면 되나요?

A. 'Thank you for your time'은 보통 인터뷰 등의 대화를 마치면서 '시간 내주셔서 감사합니다', '수고하셨어요'라는 뜻으로 쓰입니다. '일이 끝났으니 잘 들어가세요'는 'See you tomorrow', 'Take it easy'라고 할 수 있고, 만약 일을 잘해서 칭찬하고 싶다면 'You did a great job today'라고 말할 수 있습니다.

Day 4

- 지금 바로 다음 미션을 알려드리겠습니다.

  I wanted to give you a heads up.

  'give a heads up'은 '무슨 일이 생길지 미리 알리거나 귀띔해 주다'라는 표현이에요.

- 여러분의 노래와 춤 실력을 마음껏 뽐낼 시간입니다.

  You'll have a chance to show off your singing and dancing.

  '기회가 왔어요'라는 말은 'You'll have a chance'라고 합니다. 'show off'는 '마음껏 실력을 보여주고 뽐낸다'는 표현이에요.

Day 5

- 보나 마나 팝송 준비하면 되는 거겠지?

  Obviously a pop song in English, right? (당연히 영어로 부르는 팝송이지 않겠어?)

  '누가 봐도 당연히', '확실히'라는 말은 'obviously'라고 해요. 줄여서 'obvi'라고도 합니다. 모든 팝송이 영어 노래는 아니기 때문에 '영어로 팝송을 불러야지'라고 할 때는 'a pop song in English'라고 명확히 해주는 것이 좋아요.

- 우리 뭐하면 돼요?

  What's on your mind?

  'mind'는 '마음', '생각', '신경'이라는 뜻으로 'What's on your mind?'는 '네 마음속에 뭐가 있어?', '너 지금 무슨 생각해?'라는 말이죠. '네 말을 따를 테니 지금 무슨 생각하는지 말해 봐' 하는 상황에서 쓸 수 있어요.

Day 6

- 아, 망했다.

  Oh no! This is over for us.

  'This is over'에서 'over'는 '끝이 났다'라는 뜻이에요. 'Game over'를 생각하면 조금 쉽게 이해가 되겠죠. '이제 우리는 더 이상 기회가 없어', '망했어', '다 끝났어'라고 할 때는 'This is over for us'라고 해요.

🇺🇸 진짜 미국식 표현이 궁금해요!

Q. 'This is over!'처럼 '아 망했다!'라고 욕하지 않고 속상함을 충분히 드러낼 수 있는 표현을 알려 주세요.

A. 일이 잘못됐을 때 '망했어!' 대신 일반적으로 쓸 수 있는 표현을 알려드릴게요.

'**I screwed up/I messed up.** 완전 망쳐 버렸어.'

'**I'm doomed.** 끝장이야./망조가 들었어.'

Week 8

Day 1

• 김리오 참가자에 대해 얘기해 볼래요?

Any comments on Leo? (리오에 대해서 지적이나 의견 주세요.)

심사 위원이 참가자에 대해서 하는 의견 또는 지적하는 말을 'comment'라고 해요.

• 부드럽지만 강한 힘이 느껴졌어요.

I could feel the fierceness with grace.

'어떤 감정을 느낄 수 있었어요'는 'I could feel~'이라고 합니다. 'fierceness'는 격렬한 느낌이고 'grace'는 우아한 느낌을 말합니다. 강렬함과 부드러움을 동시에 볼 수 있다는 말은 'fierceness and grace'라고 해요.

🇺🇸 진짜 미국식 표현이 궁금해요!

Q. 제가 좋아하는 운동선수는 못하는 게 없어서 'all rounder'인데요. 'Jack of all trades'와는 어떻게 다른 거예요?

A. 영어로 'all rounder'와 'Jack of all trades'는 여러 분야를 걸쳐 모두 잘하는 사람이라는 뜻으로, 여러 방면에 능통한 사람을 뜻하는 팔방미인을 표현할 때 쓰는 말입니다. 그런데 'Jack of all trades. Master of none'이라고 하면 아는 건 많은데 지식의 깊이가 얕은 사람이라는 뜻으로 부정적으로 쓰이기도 해요.

Day 2

• 전 패션을 지적하고 싶어요.

I want to point out his outfit.

'point out'은 '보통 둘째 손가락으로 콕 집어 가르키는 것'을 말하는데요. 어떤 상황을 지적하거나 주목시킬 때 쓰는 표현입니다. 'outfit'은 의상이라는 뜻이에요.

• 좀 촌스러워요.

It feels so old.

'촌스럽고 나이 들어 보인다'는 표현을 쓸 때 'It feels old'라고 할 수 있어요. 'It looks outdated', 'It looks tacky' 모두 다 '촌스럽다'는 뜻으로 쓸 수 있어요.

Day 3

- 좀 보기 민망하던데요.
  It was a bit of an eyesore.
  'sore'는 '염증이 생겨서 따갑거나 아프다'는 뜻인데요. 'eyesore'은 '흉측스러운 꼴불견'을 뜻합니다. '눈꼴 시렸어요', '좀 거슬렸어요'라는 표현으로 쓸 수 있어요.

🇺🇸 진짜 미국식 표현이 궁금해요!

Q. 콘서트에서 관객들이 가수와 함께 떼창할 때 무척 재미있고 뭉클하더라고요. 떼창을 영어로 뭐라고 해요?

A. '떼창'이라는 뜻보다는 '따라 부르다'는 뜻의 'sing along'을 쓸 수 있어요. 이외에 구호를 외치다는 뜻의 'chant'도 쓸 수 있습니다. 'chant'는 보통 노래 중간중간에 '사랑해! 영원히!' 하면서 팬들이 함께 외치는 경우를 말합니다.

Day 4

- 솔직히 '예쁜 애 옆에 큰 애' 하면서 봤어요.
  All I could think was the 'pretty one' and the 'big one'.
  'all I could think'는 '난 내내 이렇게 생각했어, 이 생각밖에 안 나더라고'라는 표현이에요. 'one'은 숫자 '1'이 아니라 특정한 사람을 뜻하며 'pretty one'은 예쁜 사람, 'big one'은 '체격이 큰', '뚱뚱한 사람'이라는 뜻이에요.

🇺🇸 진짜 미국식 표현이 궁금해요!

Q. 어처구니가 없거나 어이가 없어서 짜증 날 때 쓸 수 있는 표현을 더 알려 주세요.

A. 많이 사용하는 표현을 알려드릴게요.
  'This is ridiculous! 어처구니 없네!**'**
  'This makes no sense. 말도 안 돼!**'**
  'No way! 말도 안 돼!**'**
  'I'm so annoyed! 완전 짜증 나!**'**

Day 5

- 여러분 영어 실력이 많이 늘었네요!
Everyone's English has improved quite a bit!
'Your English has improved'는 '너 영어 실력이 늘었다'라는 표현이에요. 'Your' 대신에 '나 영어 실력 늘었어요'는 'My English has improved'라고 할 수 있어요. 여러분의 영어 실력은 'Everyone's English'라고 합니다.

- 모든 멤버가 수준급 영어를 보여 줬어요!
All are speaking fluent English!
'fluent'는 '외국어 실력이 능숙하고 유창하다'는 뜻이에요. 'speak fluent English'는 '영어를 유창하게 한다'라는 표현입니다. 예를 들어 볼게요.
'You are speaking fluent English! 너 영어 잘한다!'

Day 6

- 넌 그딴 말이 재밌어?
How's any of that funny?
'How's that funny?'는 '그게 어떻게 웃기냐?', '그게 재밌니?', '하나도 안 재밌어'라는 표현인데요. 'any of that'은 '그중에 도대체 어떤 게 재밌니?'라고 강조하는 표현입니다.

🇺🇸 진짜 미국식 표현이 궁금해요!

Q. 예전에 'fun'이랑 'funny'가 다르다고 배운 것 같은데요. 솔직히 매번 헷갈려요. 언제 'fun'을 쓰고 언제 'funny'를 써야 할까요?

A. 둘 다 '재미있는'의 뜻이지만 구체적으로 'fun'은 즐겁고 재밌는, 'funny'는 '웃긴'이라는 뜻이에요. 웃음을 유발하는 웃긴 재미를 말할 때만 'funny'가 맞습니다. 예를 들어 볼게요.
'I had so much fun today. 오늘 정말 즐거웠어.'
'That's a funny joke. 웃긴 농담이네.'

Week 9

Day 1

• 지금 보복 운전하셨다고 말씀하신 거네요?

You're saying this was retaliation.

'You're saying'은 상대방이 한 말을 되짚으며 '~라는 말이네요'라고 확인하는 것으로 '이게 보복
이었다는 말이네요'라는 의미입니다.

🇺🇸 진짜 미국식 표현이 궁금해요!

Q. 다른 사람 일에 관심이 많고 잘 끼어드는 사람한테 오지랖이 넓다고 하잖아요. 아라가 약간 오지
랖이 넓고 좋게 말하면 정의로운 스타일인 것 같은데 이럴 때 영어로 뭐라고 하나요?

A. 긍정적인 의미로 쓰고 싶으면 'good Samaritan 착한 사마리아인(타인의 힘든 일에 처했을 때
외면하지 않는 사람)'이라는 표현을 쓸 수 있습니다. 'Ara always helps people 아라는 항상 남
들을 잘 도와', 'She's a good Samaritan 쟤는 참 친절해' 이런 식으로 표현할 수도 있죠.

반대로 부정적인 의미로 얘기하고 싶으면 'not minding your own business', 'being nosy' 등
의 표현을 쓸 수 있습니다. 'nosy'는 코(nose)를 비집고 들어오는 모습을 따서 하는 표현인데 '
남의 일에 쓸데없이 참견하는 것'을 얘기해요. 예를 들어 볼게요.

'Ara needs to mind her own business.'

'She's always so nosy about everything.'

Day 2

• 더 귀여워졌어.

You're getting so much cuter! (너는 점점 귀여워지는구나)

'get'은 어떤 상태가 된다는 뜻으로 원래 귀여운데(cute) '더 귀어워진다 cuter'리는 뜻입니다.

• 너무 '윙'한 표정으로 앉아 있길래.

You were spacing out. (니가 멍하니 있었잖아.)

'space out'은 넋을 놓고 정신이 '멍한 상태'를 뜻해요.

Day 3

• 나 말고 다른 사람이 주는 건 절대로 안 먹어.
He never eats unless I feed him.
'unless'는 '~하지 않는 한'이라는 뜻으로 'unless I feed him'은 '내가 먹이지 않는 한', 'he never
eats 절대 먹지 않는다'라는 뜻입니다.

🇺🇸 진짜 미국식 표현이 궁금해요!

Q. 우리나라에는 수학, 영어, 피아노, 태권도, 미술 학원같이 사교육을 실시하는 기관이 많은데 다른
나라에도 학원이 있나요? 학원을 영어로 뭐라고 하나요?

A. 미국에서는 학원이라고 통틀어서 부르기보다는 어떤 종목을 배우러 가는지 직접 말해요. 예
를 들어 볼게요.
'I'm going to ballet class. 나 발레 수업 가.'
'I'm taking piano lessons. 나 피아노 배우고 있어.'
학생들을 위해 운영하는 방과 후 수업은 'afterschool program'이라고 부르기도 하는데 학교
를 다니는 학생들만 대상으로 한 것이라, 우리나라의 학원처럼 광범위한 뜻을 나타내는 표현
은 없습니다.

Day 4

• 너 지금 얼굴 빨개진 거 같은데?
I think you're turning red.
'turn red' 또는 'go red'는 '빨갛게 되다'라는 뜻으로 얼굴이나 귀가 붉어지거나 색이 빨갛게 변하
는 상황(단풍이 들 때 등)에 쓸 수 있어요. 비슷한 표현의 'blush'는 '얼굴이 빨개지다'는 뜻입니다.

• 대신 조건이 있어.
On one condition.
'condition'에는 몸의 상태 외에도 '조건'이란 뜻이 있어요. 'on one condition'은 '조건부로', '조건
이 있어'라는 뜻입니다.

Day 5

• 그런 얘기 집어 치우고!

Stop with that speech.

'그런 거 하지 마', '그만 해'라고 말하고 싶을 때는 'stop'을 맨 앞에 쓰면 쉬워요. '뻔한 연설은 그만 해'라는 의미로 '연설', '강의'라는 뜻의 'speech'를 썼어요.

🇺🇸 진짜 미국식 표현이 궁금해요!

Q. 한국어로는 '뭐 같이 할래?' 하고 물어보면 좋다는 뜻으로 '오케이, 콜!' 이렇게 '콜'이라고 말하는 데요. 영어로도 'call!'이라고 하나요?

A. 'call'이라는 표현은 카드 게임에서 따온 표현인데 미국에서는 카드 게임 상황 외에는 잘 쓰이지 않습니다. 미국에서는 'deal'이라는 표현을 더 많이 씁니다. 비지니스 상황에서 자주 쓰는 'Do we have a deal?'을 짧게 줄여서 쓴 표현으로 거래에서 협상을 마무리할 때 많이 쓰는데, 비지니스 상황에 외에도 상대방에게 동의를 물을 때 쓸 수 있습니다. 상대방의 거래 조건에 동의하면 'Yes, we have a deal' 혹은 간단히 'Deal!'이라고 대답할 수 있습니다. 보통 이렇게 대답하면서 악수를 합니다.

Day 6

• 넌 근데 왜 아라한테만 그런 거야?

Why are you like that with Ara only though?

이 문장의 'like'는 '좋아하다'가 아니라 '~같은'이라는 뜻입니다. 'Why are you like that'은 '너 왜 그런 모습이야?'라는 뜻이에요. 'though'는 문장 뒤에서 '그런데', '도대체'를 강조하고 싶을 때 써요.

• 아라가 좀 밝지

She's so bubbly. (걔는 정말 명랑해.)

'bubbly'는 '비누 거품이 보글보글한'이라는 뜻이 있지만 사람에게 'bubbly'라는 단어를 쓰면 '성격이 명랑하다는'뜻이에요.

Week 10

Day 1

· 이건 어때?

What about this one?

'What about~'은 '이런 건 어때?', '그 사람 어때', '그 물건 어때?'라고 의견을 묻는 표현이죠. 'this one'에서 'one'은 '하나'가 아니라 '어떤 것 thing'과 같은 의미로 쓰입니다.

· 이거 한번 읽어 볼래?

Do you want to try this?

'try'는 '노력하다'라는 뜻 외에도 '한번 가볍게 시도해 보다 (한번 먹어 보거나 입어 보다)'라는 뜻으로 써요.

🇺🇸 진짜 미국식 표현이 궁금해요!

Q. 'try out'이라는 표현을 미국 영화에서 봤는데 무슨 뜻인가요?

A. '동사로 두 단어 'try out'을 쓰면 '새로운 것을 한번 해보다', '시험해 보다'라는 뜻인데 한 단어 명사로 'tryout'으로 쓰면 '오디션'이라는 뜻도 있습니다.

Day 2

· 나 영어책 한 권 다 읽은 거 처음이야.

This is my first time finishing an English book.

책을 '읽는'데 초점을 두는 게 아니라 '끝까지 다' 읽은 것이 중요하므로 'read' 대신 'finish'를 써서 'finish an English book (읽는 것을) 마치다/끝까지 다 읽다'라고 말하면 됩니다.

· 이게 그 소리였네.

So that's what this means.

'this means'는 '이게 그 뜻이야', '그 말이야'라는 표현이에요. 'mean'은 '~를 의미하다'로 'that's what this means'는 'that 그것이 what this means 이런 말이구나'라는 의미입니다.

Day 3

- 얘네 너무 귀여워.

  They're so adorable.

  'adorable'은 '귀엽다', '앙증맞다', '예쁘다', '사랑스럽다' 같은 느낌을 말하고 싶을 때 사용하는데요. 아기나 어린이, 동물이 귀여울 때 흔히 쓰는 표현이죠.

🏴 진짜 미국식 표현이 궁금해요!

Q. 'He is in my good books'라는 표현을 봤는데 무슨 뜻인가요?

A. '나는 그를 좋게 보고 있어'라는 뜻입니다. 'He is good in my books'로 표현할 수도 있습니다. 반대로 그 사람에 대해 나쁘게 생각하고 있다면 'He is in my bad books'라고 합니다. 여기서 'book'은 책이라기보다는 기록이라는 뜻에 가깝습니다. 내 기록상에 이 사람은 '좋다 (good) 또는 나쁘다 (bad)'라고 해석할 수 있습니다.

Day 4

- 당신은~ 사랑받기 위해 태어난 ~님.

  You were born to be loved.

  '당신은 태어났어요'는 'You were born'이라고 해요. 태어나는 건 과거에 일어난 일이니 'were'를 써야 합니다. 'You are born'이라고 하면 '당신은 태어납니다'라는 뜻이 됩니다.

🏴 진짜 미국식 표현이 궁금해요!

Q. 'maybe' 외에도 '혹시', '아마도'라는 뜻을 가진 표현이 있나요?

A. 'perhaps', 'probably', 'possibly', 'likely' 등 다양한 표현이 있는데 실현 가능성에 따라 뉘앙스가 조금씩 다릅니다. 'maybe', 'perhaps'는 이 단어들 중에서 가장 실현 가능성이 낮고 그 다음은 'probably', 'possibly' 순서입니다. 'likely'는 실현 가능성이 꽤 높지만 100% 확신할 수 없을 때 쓰입니다.

Day 5

• 세월이 이모만 비껴가나 봐요.

As beautiful as always! (여전히 아름다우세요.)

'as ~ as'는 비교했을 때 '비슷하거나 같다'라는 말을 하고 싶을 때 사용해요. 'as beautiful as always'에서 'beautiful'과 'always'를 비교했을 때 '같다', 즉 '아름다움이 언제나 같다=여전히 아름다우세요'라는 뜻입니다.

• 너는 어쩜 그렇게 얼굴도 고운 애가 말도 고운 말만하니….

Oh, such charming words from such a handsome kid!

'charming'은 매력적이라는 뜻도 있지만 '매너가 좋다'는 뜻이 있어요. 'charming words'는 말을 예쁘게(듣기 좋게) 할 때 쓸 수 있는 표현입니다.

Day 6

• 나… 혹시 떠오르는 가사 있는데 써봐도 될까?

Do you think I can take a stab at it?

'네 생각은 어때', '나 한번 시도라도 해볼까?'라는 뜻이에요. 'stab'은 '뾰족한 것으로 찌르다'인데요. 'take a stab at'은 '찔러보다'의 의미에서 나아가 '한번 시도해 보다'라는 말입니다.

• 아참, 몇 곡 더 가사 필요한 게 있는데.

I have a few more songs in the pipeline that need lyrics.

'a few more songs'는 '노래가 몇 개 더 있다'라는 의미이며 'in the pipeline'은 '공개하려고 한창 작업 중에 있거나 준비하고 있다'라는 뜻이죠.

🇺🇸 진짜 미국식 표현이 궁금해요!

Q. 완전 잘 어울릴 때 '찰떡 같이 잘 어울린다'라고 하잖아요. 영어권에서는 '잘 어울릴 때' 어떤 표현을 쓰나요?

A. '간단하게 'perfect'라고 할 수 있습니다. '아주 잘 어울려서 완벽해 보인다'라는 뜻이죠. 'It's a perfect match', 'It's a perfect mix' 등의 표현을 쓸 수 있어요. 커플이 잘 어울린다고 말하고 싶다면 'They're perfect for each other', 'They look cute together' 등의 표현을 쓸 수 있습니다.

Week 11

- 오늘은 프로그램 최초로 생방송으로 진행됩니다.
  Today's episode is being aired live for the first time.

  'episode'는 '재미있는 일화'라는 뜻도 있지만 '방송의 1회분'을 의미해요. 'be aired live'는 '라이
  브로 생방송되다'라는 뜻으로 'Today's episode is being aired live'는 '곧 오늘 회차(방송)가 생방
  송으로 진행됩니다'라는 뜻이에요.

- 참가자들에게는 각각 10분의 시간이 주어지고요.
  Every contestant will get ten minutes.

  다섯 명의 참가자들에게 각 10분의 미션 시간이 주어지네요. 이렇게 '한 명 한 명', '각각'이라는
  뜻으로 'every'를 쓸 때는 참가자 'contestant'에 's'를 붙이지 않고 'every contestant'라고 해요.

- 네, 많이들 좋아해 주셔서 감사하죠.
  I appreciate all the love.

  '고맙습니다'라는 말을 'Thank you' 대신에 'I appreciate it'이라고 할 수 있어요. 비슷한 표현으로
  'Thank you for all the love'라고 표현할 수 있습니다.

🇺🇸 진짜 미국식 표현이 궁금해요!

Q. 본문에서 리오가 혼자서 원맨쇼를 하는데, 영어로 '원맨쇼'라고 하면 뜻이 통하나요?

A. 'One-man show'라고 해도 되지만 'solo performance'나 'monologue'가 더 흔히 쓰입니다.
'monologue'는 'dialogue'의 반댓말로 대화 상대 없이 혼자서 이야기하는 것을 말합니다. 혼
자서 여러 역할을 하는 게 아니라 혼자서 쭉 이야기할 때 쓸 수 있습니다.

290

Day 3

• 제가 들은 얘기가 있는데요.

Rumors are going around.

유명 인사의 연애 소식에 스캔들이라는 표현을 자주 쓰지만 영어로 'scandal'이라는 뜻은 잘못된 행동으로 대중에게 반감을 사는 일이 생긴 것을 뜻해요. 남녀의 연애 기류를 포착했다면 'rumor', 즉 '소문이 돌고 있다 go around'라고 표현합니다.

🇺🇸 진짜 미국식 표현이 궁금해요!

Q. 서로 호감은 있는데 아직 사귀지는 않을 때 '썸 탄다'는 말이 영어의 'something'에서 온 표현이잖아요. 영어로도 똑같이 'some'이라고 하나요?

A. 영어로는 'we are seeing each other'라고 해요. 둘 사이에 로맨틱한 무언가가 있는 사이지만 공식적으로 사귀지는 않는 단계인 '썸 타는 것'을 뜻해요. 예를 들어 볼게요.

'Are you dating J? No, we're just seeing each other.'

'너 J랑 사귀어? 아니, 근데 우리 썸타는 사이야.'

Day 4

• 완전 똑같애!

Uncanny!

'uncanny'에는 '묘한', '기묘한'이라는 뜻이 있는데요. 누군가를 신기할 정도로 많이 닮았을 때 쓸 수 있어요. 예를 들어 볼게요.

'Leo has an uncanny resemblance to Lisa. 리오는 리사와 놀랍도록 닮았다.'

🇺🇸 진짜 미국식 표현이 궁금해요!

Q. 많이 닮은 닮은꼴을 '도플갱어'라고 말하잖아요. 영어로는 뭐라고 하나요? '도플갱어'라는 말을 자주 쓰나요?

A. '도플갱어(Doppelgänger)'는 독일어로 미국에서는 많이 쓰이지 않습니다. 아주 많이 닮은 사람들은 'twins 쌍둥이'라고 하거나 'spitting image of someone 외모가 빼다 박았다'를 쓰기도 합니다. '한 완두콩 깍지 안의 두 개의 콩처럼 똑같이 생겼다'는 뜻의 'two peas in a pod'라는 표현도 쓸 수 있습니다. 예를 들어 볼게요.

'She is a spitting image of her aunt. They're basically twins!'

'이모랑 똑같이 생겼어. 완전 쌍둥이야.'

Day 5

- 마지막으로 그룹에 합류할 멤버는…!

Now, the last member to join the band!

'rock band'뿐만 아니라 우리가 흔히 '남자 그룹, 여자 그룹'이라고 말하는데 영어로는 'band'라고 합니다.

'**boy band** 남자 그룹'

'**girl band** 여자 그룹'

- 좋은 경험이었어.

I learned a lot from this experience.

'this experience'는 '이번 경험'이라는 뜻으로 이번 경험에서 '많이 배웠어 learned a lot'라는 표현을 쓸 수 있어요.

🇺🇸 진짜 미국식 표현이 궁금해요!

Q. 'It's ok'랑 'ok'랑 비슷한 표현 아닌가요?

A. 'ok'는 '좋아요'라는 말이지만 'It's ok'는 반댓말로 '아니요'라는 뜻일 때가 있어요.

'It's ok'는 '별일 아니야'라는 의미 외에도 'No.' 하고 단호하게 말하는 대신 '아니요', '괜찮아요', '됐어요'라고 할 때 쓰는 표현이에요. 만일 '좋아요'라고 말하고 싶다면 'It's ok'가 아니라 'ok'라고 해야 합니다.

Day 6

- 영어로 소감 한 말씀 해주시죠.

Please tell us how you feel in English.

상을 받았을 때 지금의 심정이나 소감이 어떤지 물을 때는 영어로 '지금 기분이 어떠신가요' 또는 '기분이 어떤지 말해 주세요'라고 말할 수 있어요. 'Tell us how you feel'은 '지금 심성을 말해 주세요'라는 표현입니다.

- 전부 여러분의 응원 덕분입니다.

This is all thanks to your support, everyone.

'support'는 물질적인 도움뿐만 아니라 '정신적으로 지지하고 응원한다'는 뜻도 있어요.

Week 12

Day 1

• 산은 또 뭐냐구.

Why are we on a hike?

'on a hike'는 운동이나 취미로 산이나 자연을 즐기며 트랙을 따라 걷는 것을 의미해요. 보통 '등산을 하다', '둘레길을 걷는다'라는 표현에 모두 쓸 수 있어요. 'mountain climbing'은 '암벽을 탄다'라는 뜻이고 등산은 'hiking'이라는 표현을 씁니다.

🇺🇸 진짜 미국식 표현이 궁금해요!

Q. 'work out'이라는 표현을 봤는데 밖에서 일을 한다는 뜻인가요?

A. 'work out'은 '운동하다'는 뜻으로 'exercise' 대신에 자주 쓰입니다. 한 단어로 'workout'으로 쓰면 '운동'이라는 명사가 됩니다. 'I work out every morning', 'Hiking is my favorite type of workout' 등의 표현을 쓸 수 있습니다. 이외에도 '화해하다', '복잡한 문제를 해결하다'는 뜻도 있습니다.

Day 2

• 나는 3개월 후에 인터뷰가 있어.

I have a job interview in three months.

'in three months'에서 'in'은 '시간적으로 '~후에', '~이후가 되는 시점에'라는 뜻으로 지금으로부터 3개월 후가 되는 시점을 의미해요. '지금이 3월이라면 6월에 면접이 있다'는 뜻입니다.

• 당신의 강점과 약점은?

What are you strengths and weaknesses?

'strength and weakness'는 '장·단점', '강·단점'을 뜻해요. 'strength'는 '힘', '강도' 또는 '사람이 가진 장점·강점'을 의미합니다. 반대로 'weakness'는 '나약함', '힘이 없음', '약점'을 의미해요.

Day 3

- 5년 후 자신의 모습을 그려 본다면요?
  Where do you see yourself in five years?
  'Where do you see yourself'에서 'where'는 장소를 의미하는 것보다 조직이나 사회에서의 위치, 몸 담고 있는 상황이나 분야를 뜻해요. '5년 후 당신은 어떤 사람이 되어있을 것 같나요?', '5년 후 나의 모습은?'이라는 의미를 모두 담은 질문입니다.

- 저는 송이 뮤직에서 일을 배우고 점점 발전할 거예요.
  I want to grow into a role at Songi Music.
  'grow into'는 '~로 성장하다'라는 뜻이며 'role'은 조직이나 팀 내에서 맡은 역할을 의미하죠. 'grow into a role'은 '맡은 일을 더 잘하게 된다'는 뜻으로 '업무 역량을 강화하다', '경력을 쌓아가다'라는 뜻입니다.

Day 4

- 아라야 얼마 만이야!
  It's been forever, Ara!
  'forever'는 '영원히'라는 뜻 외에도 '아주 오랫동안'이라는 의미가 있어요.

- 그새 새로운 아이들이 많이 들어왔네.
  I see some new faces!
  'new face'는 어떤 그룹에 '못 보던 얼굴이 새로 왔네', '처음 보는 얼굴이네'라는 뜻이에요.

🇺🇸 진짜 미국식 표현이 궁금해요!

Q. so long은 '잘 가' 아닌가요?

A. 'so long'은 '매우 길다'라는 뜻도 있고 'So long'을 한 문장으로 쓰면 '잘 가라'는 뜻입니다. 하지만 요새는 자주 쓰는 표현은 아니고 간단하게 'Bye' 혹은 'See you later'라고 할 수 있습니다.

Day 5

• 오늘 간만에 시간이 나서 영화를 봤어.

I had some time to kill, so I watched the movie.

'time to kill'에서 'kill'은 죽이다가 아니라 '시간을 때우다'라는 뜻이에요.

• 넌 어떤 대사가 좋았어?

What was your favorite line?

'line'은 글에서 '행', '줄'을 뜻하는데요. 연극, 영화의 대본(script)에 써 있는 대사, 노랫말(lyrics)의 가사도 'line'이라고 합니다.

🇺🇸 진짜 미국식 표현이 궁금해요!

Q. 영화에 관람 등급이 있잖아요. 보통 청소년 관람 불가는 '19' 이런 식으로 표시하는데 영어로는 청소년 관람 불가를 뭐라고 하나요?

A. 미국에서는 'Rated-R'이라고 표현합니다. 'R 등급'이라는 뜻으로 'R'은 'Restricted'의 약자입니다. 이외에도 13세 미만은 부모님의 동의가 필요한 'PG-13(Parental Guidance)'로 부모의 지도를 권유하는 'PG', 연령 제한이 없는 'G 등급'이 있습니다.

Day 6

• "너무 아는 척하고 싶으면 모른 척하게 돼."

"When I'm really excited about something, I end up downplaying it."

새로운 사실을 알고 너무 들뜬 나머지 일을 그르칠까 봐, 오히려 '별 것 아니야'라고 애써 '모르는 척 경시하고 무시한다(downplay)'는 표현입니다. 'end up'은 '결국 그렇게 된다'라는 뜻이에요.

🇺🇸 진짜 미국식 표현이 궁금해요!

Q. 영화의 주연, 조연, 엑스트라는 뭐라고 하나요?

A. '주연'은 'lead actor/actress', '조연'은 'supporting actor/actress' 혹은 'day player'라고 합니다. '엑스트라'는 영어로도 'extra'라고 합니다.

Week 13

- 사실이 아니니까, 밝혀지겠지.
  The truth will come out soon.
  'come out'은 '세상에 나오다', '사실이 드러나다'라는 뜻이에요. '진실은 곧 밝혀질 거야'라는 의미죠.

- 아 답답해!
  How are you so naive? (너 어쩜 그렇게 순진하기만 하니?)
  'naive'는 '세상 물정도 모르고 어수룩하고 순진해 빠진'이라고 비판하는 의미로 사용합니다. 비슷한 단어로 'clueless'가 있습니다.

🇺🇸 진짜 미국식 표현이 궁금해요!

Q. 'naive'는 '순수하다'라는 긍정적인 의미로는 쓸 수 없나요?

A. 긍정적인 의미로 순수하다고 말하고 싶을 때는 'innocent'를 씁니다. 'Innocent'는 이외에도 '무죄'라는 뜻도 있습니다.

- 이미 회사에서는 리오 손절한 것 같아요.
  Leo's record label dropped him.
  사람과의 '관계나 연락을 끊는다'는 'drop'을 써서 'dropped him'은 '그와 손절했다', '관계를 끊었다'라고 표현할 수 있어요.

- 이렇게 이미지 망가지면 힘들 거라고….
  With a smear campaign like this, it's going to be difficult.
  'smear'은 '더럽히다', '더러운 손으로 문지르다'라는 뜻으로 'smear campaign'은 인신공격이나 상대방을 비방하기 위해 트집을 잡고 끌어내리는 행동을 말해요.

Day 3

• 그 반대 상황이었대.
It was actually the other way around.
'other way aound'는 '반대로', '거꾸로'라는 뜻으로 기사에 나온 것과 달리 진실은 '정반대 상황
이었다'라는 뜻으로 쓰였어요.

• 내가 아는 기자한테 연락해 볼게.
I'll reach out to a reporter I know.
'reach'는 '~에 닿다'라는 뜻으로 'reach out'은 '~에 닿기 위해 손을 뻗다', '접촉하려고 하다' 또는
'연락을 취하다'라는 뜻이에요.

Day 4

• 답답하게 자꾸 당하기만 하고….
Leo always stays quiet when he's being attacked.
(리오는 공격 당하면 가만히 있어요)
'stay quiet'는 '조용한 상태를 유지하다', '말을 하지 않고 조용히 있다'라는 뜻이죠.

• 제가 좀 더 취재해 볼게요.
I'll look into this further.
'look into'는 '속을 들여다 보다'라는 의미로 '주의 깊게 살펴보다', '조사하다'라는 뜻으로 씁니다.
'further'는 '더 멀리'라는 뜻이 아니라 '더', '추가로'라는 의미로 쓰였습니다.

🇺🇸 진짜 미국식 표현이 궁금해요!

Q. '억울해'라는 분하고 답답한 감정을 영어로 뭐라고 하나요?

A. '억울하다'는 표현은 영어로 'It's not fair'라고 할 수 있습니다. '공평하지 않다'라는 뜻으로 억울
함을 호소하는 것입니다. 억울한 감정은 'bitter', 'disappointed' 등 다양하게 표현할 수 있는데
불공정한 대우를 받아서 억울한 감정 외에도 단순히 기분이 불편하고 실망스러운 감정이라
는 뜻도 포함하는 광범위한 단어입니다.

Day 5

• 저 때문에 수하랑 찬원이랑 다른 멤버들까지 피해볼 순 없어요.
 I don't want to get in the way of Suha and Chanwon.
 'get in the way of'는 '~는 ~를 방해하고 가로막는다'라는 뜻이에요. '상황에 따라 못되게 군다'라
 는 의미도 있어요.

🇺🇸 진짜 미국식 표현이 궁금해요!

Q. 친구 사이에 '의리 있다'라는 말 많이 쓰잖아요. 영어로는 뭐라고 하나요?

A. '의리 있다', '충성스럽다'는 뜻을 모두 가진 'loyal'이라는 단어를 쓸 수 있어요. 'She's a loyal
 friend 의리 있는 친구야'라고 표현할 수 있습니다. 이외에도 'have one's back 누구의 편을 들
 다/도움을 주다'라는 표현을 써서 'He always has my back 걔는 항상 내 편이야'라고 할 수도
 있어요.

Day 6

• 반응은 좀 어때?
 How's it being received?
 '반응이 어때?', '평이 어때?', '주위에서 뭐래?'라는 말을 하고 싶을 때 'How's it being received?'
 라고 하는데요. 'be received'는 '받아들여지다'라는 뜻으로 '평가를 받다', '반응을 얻다'라는 의
 미로 씁니다.

• 오늘 주요 기사에 올라오지도 않았어.
 It's not even on the top news yet.
 'It's on the top news'는 '주요 뉴스에 그 소식이 올라왔어', '이 기사가 주요 뉴스야'라는 말인데
 요. 'not even'은 '심지어~에 조차 없다'라는 뜻으로 '주요 뉴스에 조차 없어'입니다. 'yet'은 '아직
 도'라는 말이에요.

Week 14

Day 1

- 그냥 해.
  Just go for it.
  'Go for it'은 '그냥 가', '그냥 해봐', '힘내!'라는 의미로 '실패를 두려워하지 말고 덤벼 봐', '까짓것 그냥 부딪혀 봐!'라는 응원의 말을 하고 싶을 때 쓸 수 있어요.

- 이번 일 일단 지나갔으니 됐어.
  All of this is water under the bridge.
  강물이 다리 밑을 지날 때 한참 머무르지 않고 순식간에 흘러가죠? 'water under the bridge'는 '이미 지나간 일', '시간이 지나서 돌이킬 수 없는 일' 또는 '어쩔 수 없는 일'을 뜻해요.

Day 2

- 메시지 남겨드릴까요?
  Can I take a message?
  'take a message'는 '메모를 남기다'라는 뜻으로 '메시지나 메모 남겨드릴까요?', '전하실 말씀 있으세요?', '뭐라고 전해드리면 될까요?'라는 표현입니다.

🇺🇸 진짜 미국식 표현이 궁금해요!

Q. 잠깐 자리를 비우는 것 말고 '휴가나 출장 중이어서 자리에 안 계세요'를 뭐라고 하나요?

A. 휴가, 병가, 출장으로 나눠서 알려드릴게요.

　　'He/She is on vacation. 잠시 휴가 중일 때.'

　　'He/She is on leave. 장기 병가 또는 장기로 회사를 쉬고 있을 때.'

　　'He/She is on a business trip. 출장 중일 때.'

Day 3

- 네, 출력해 두었습니다.

  Yes, it's been printed out.

  'It has been printed out'은 이미 언급한 것이 '출력된 상태예요'라는 말이에요. 'print out'은 프린터를 사용해서 인쇄하거나 인화하다'라는 뜻입니다.

🇺🇸 진짜 미국식 표현이 궁금해요!

Q. 회사에서 직급으로 부르잖아요. 과장님, 차장님 등. 영어로는 어떻게 부르나요? 직급이 없는 선배님, 사원, 사수를 부르는 말도 궁금해요.

A. 외국에서는 회사에서 직급으로 부르지 않고 직급과 상관없이 이름으로 부르거나 간혹 아주 격식을 갖춰서 'Mr./Ms. + 성'으로 부르기도 합니다. 보통 직급은 회사에서의 역할을 강조할 때 많이 씁니다. 예를 들면 'marketing manager', 'finance director' 이런 식으로 보통 단순히 직급보다 역할을 붙이죠.

회사마다 분야에 따라 직급 체계는 차이가 많이 있는데 보통 'Analyst', 'Senior Analyst', 'Manager', 'Senior Manager', 'Director', 'Senior Director', 'Vice President', 'Senior Vice President', 'Executive Vice President/President', 'C-suite' 체계를 많이 씁니다.

Day 4

- 일은 괜찮아, 사람들도 좋고.

  The work itself is good, and the people are nice.

  'itself'는 '그것 자체'를 뜻하는 말로 'The work itself is good'은 '일 자체는 좋다'라는 뜻이에요. 'nice'는 '좋다'라는 의미 이외에도 사람이 'nice' 하면 '친절하고 다정하다'는 뜻이에요.

- 잘 생각해 봐.

  Give this a thought.

  'Give this a thought', 'Give it a thought'는 '한번 진지하게, 잘, 신중하게 생각해 보라'는 말입니다. 이와 비슷한 표현으로 '하루 정도 더 고민해 봐라'는 뜻의 'Sleep on it'도 쓸 수 있습니다.

Day 5

- 이거 이번 주 내로 가사 쓰고 가이드 녹음하려고.

  I'm hoping we can write the lyrics and record a guide track.

  'hope'는 '바라다', '희망하다'라는 뜻으로 'I'm hoping'은 '이렇게 됐으면 좋겠다'라는 뜻이에요. 이 문장에서 시호는 첫 번째 '함께 가사를 쓰고', 두 번째 '함께 가이드'를 녹음하고 싶다는 의미죠. 한국어로는 같이 일하고 싶은 마음을 숨기고 돌려서 얘기했는데 영어로는 직접 마음을 표현했어요.

- 아라 감성이랑 정말 잘 어울릴 것 같다.

  Your vibe is perfect for this.

  '이건 딱 네 감성이다'라는 표현입니다. 그 사람이 가진 특유의 느낌이나 감수성을 '감성'이라고 하는데요. 'vibe'도 사람이나 공간이 가진 분위기나 느낌을 의미해요.

Day 6

- 열 밤 정도밖에 안 샜다고!

  I only had 10 sleepless nights!

  '-less'가 단어 뒤에 따라오면 '~이 없는'이라는 뜻이 되죠. 'sleepless'는 '잠을 못 자는', '잠을 못 이루는'을 의미해요.

🇺🇸 진짜 미국식 표현이 궁금해요!

Q. '밤새다', '밤새서 야근하다'는 영어로 어떻게 표현하나요?

A. '밤새다'는 'pull an all-nighter', 'stayed up all night' 등으로 표현합니다. 야근은 말 그대로 '밤늦게까지 일했다'라고 표현해서 'I worked late last night' 혹은 시간을 집어서 'I worked till 10pm last night'라고 말할 수 있습니다. 밤을 새워 일했다면 'I worked all night'라고도 할 수 있습니다. 하지만 영미권에서는 야근이 흔하지는 않아서 이런 표현이 자주 쓰이지는 않습니다.

Week 15

• 작곡부터 천천히 다져 가려고 했는데.

I wanted to slowly build from songwriting.

'목표나 꿈을 이루기 위해 경력을 차근차근 쌓아간다'는 'build'를 써서 표현할 수 있어요.
'I wanted to slowly build 천천히 차근차근 (좀 나중에) 하려고 했어' + 'from 곡을 쓰는 것부터'
라는 의미로, '송라이터 (songwriter, 작사 작곡을 모두 하는 사람)로 먼저 인정을 받고 목표를 찬
찬히 이루려고 했지'라는 말이에요.

🇺🇸 진짜 미국식 표현이 궁금해요!

Q. 'golden ticket'이 왜 행운을 가져다 준다는 의미인가요?

A. 로알드 달(Roald Dahl, 1916-1990)의 소설 『찰리와 초콜릿 공장 Charlie and the Chocolate
Factory, 1964』은 몇 차례 영화로도 만들어질 만큼 오랫동안 사랑받는 어린이 소설인데요.
'golden ticket 황금 티켓'을 찾은 5명의 어린이들에게 전 세계 사람들이 부러워하는 멋진 기
회가 찾아오죠. 그래서 'golden ticket'이 성공과 행운을 가져다주는 상징이 되었습니다.

Day 2

• 가끔 싸울 일도 생길 거야.

A bit of arguing is inevitable.

'evitable'은 '피할 수 있는'이며 반댓말로 '피할 수 없는'은 'inevitable'입니다. 오늘 표현은 '가끔
씩 말싸움은 피할 수 없다'는 의미예요.

• 나 연봉 쎈데 감당되는 거야?

I don't know If you can afford me!

'afford'는 돈을 낼 수 있는 형편이 된다'는 뜻으로 'if you can afford me'는 '나한테 (충분한) 돈을
줄 형편이 되는지', '나한테 돈을 많이 줄 수 있는지'라는 의미입니다.

Day 3

• 재킷 좀 벗어 줘야겠다.

Let me put my jacket on her.

'let me~'는 '내가 ~하게 해주세요' 또는 '내가 ~해도 될까?'라고 상대방의 동의나 허락을 구하는 표현인데요. 상황에 따라서, 특히 혼잣말로 '내가 ~해야지', '~해도 되겠지?'라고 말하기도 합니다. 'Let me put my jecket'은 '재킷 좀 덮어 줘야지'라는 의미로 해석할 수 있어요.

• 리오야… 우리 좀 난감해질 것 같다.

Leo, this is going to get awkward.

어색하고 곤란하고 불편한 기분이나 상황은 'awkward'라는 표현을 써요. 'get awkward'는 '어색해지다', '난감해지다'라는 뜻입니다.

🇺🇸 진짜 미국식 표현이 궁금해요!

Q. 코 고는 것 이외에 잠버릇이나 생리현상을 표현하는 말을 영어로 알려 주세요.

A. 'snore 코 골다', 'yawn 하품하다', 'sleep talk 잠꼬대, 잠꼬대하다', 'fart 방귀, 방귀 뀌다', 'burp 트림하다', 'hiccup 딸꾹질하다, 딸꾹질' 등이 있어요.

Day 4

• 첫 진입 20위?

You debuted in the 20th place?

'첫 출연하다', '데뷔하다'는 'debut'인데요. 발음할 때 'debut'는 '데부~', '데이뷔유~'로, 'debuted 데뷔했다'는 'debut+ed 데비유~ㄷ' 또는 '데비유~ㅌ'로 발음해요. '20th'는 '20번째'라는 뜻이에요.

🇺🇸 진짜 미국식 표현이 궁금해요!

Q. 20th 같이 'th'를 언제 붙이나요?

A. 등수나 특히 날짜를 말할 때 써요. 첫 번째, 두 번째, 세 번째까지는 '1st (first)', '2nd (second)', '3rd (third)'를 쓰고 이후는 숫자에 'th'를 붙여요. '4th, 5th… 11th, 12th, 13th… 100th….' 그런데 21, 22, 23처럼 뒤에 다시 1, 2, 3이 붙을 때는 '21st, 22nd, 23rd'라고 합니다.

Day 5

- 오랫동안 리오 봐왔는데.

  I've known him for a long time.

  'I have known him = I've known him'은 '그를 예전부터 쭉 알아 왔다'라는 뜻으로 '전부터 친하게 지내면서 그 사람을 잘 안다고 생각했다'라는 뜻이에요.

- 리오가 제 자리를 찾았네.

  He's where he belongs.

  'belong'은 '~에 소속하다', '있어야 할 곳에 있다'라는 뜻이에요. 'where he belongs'는 '그가 있어야 할 곳'이란 뜻으로 '그는 자기가 있어야 할 곳에 있네', '제 자리를 찾았네'라는 의미입니다.

Day 6

- 이 드라마 OST 미국에서 대박 났어.

  The OST for this show was a hit in the US.

  'show' 하면 무대에서 하는 공연이나 예능 프로그램이 먼저 떠오르지만 티브이 드라마도 모두 'show'라고 해요. 'hit'는 '히트', 엄청난 인기를 얻거나 속칭 '빵 뜬 것'을 의미해요.

- '리사쇼'에서 연락 왔어.

  I did get a call from the Lisa Show.

  'get a call'은 '전화를 받다'라는 뜻이죠. 'get a call' 앞에 'did' 없이 'I got a call from the Lisa show'라고 하면, 뜻은 단순히 '리사쇼에서 전화가 왔다'가 되지만 앞에 'did'를 붙이면 그 사건을 조금 더 강조하는 '정말로', '사실은', '진짜로' 등을 붙인 것과 같은 표현이 됩니다.

Week 16

Day 1

- 실제로 보니 더 멋있는데요?

  You look even more handsome in person?

  'You look handsome'은 '잘생기셨어요'라는 의미인데요. 'even more'를 붙이면 '심지어 더 잘생 겼어요'라는 뜻입니다. 'in person'은 '직접 만나니', '실물로 보니'라는 뜻입니다.

- 제가 '리오쇼'를 보고 얼마나 웃었는지 알아요?

  I was cracking up watching the Leo Show.

  'crack up'은 '몸과 마음이 무너지거나 쓰러진다'는 뜻도 있지만 '너무 웃겨서 요절복통 하다', '빵 터지게 웃다'라는 뜻이 있어요.

🇺🇸 진짜 미국식 표현이 궁금해요!

Q. 어떤 사람을 성대모사하거나 행동을 흉내내는 걸 뭐라고 하나요?

A. 'Impersonate'이 가장 흔하게 쓰이며 'pretend to be someone', 'copy someone' 등의 표현도 쓸 수 있습니다.

Day 2

- 시청자들이 너무너무 알고 싶어해요.

  The viewers are dying to know.

  오늘 표현은 '시청자들이 너무너무 알고 싶어해요'라는 뜻이에요. TV를 보는 시청자를 'viewer' 라고 합니다. 'dying to'는 '~하고 싶어 죽겠다', '~너무 원하다', '소원이 없겠다'는 뜻입니다.

🇺🇸 진짜 미국식 표현이 궁금해요!

Q. 'scent'랑 'smell'은 다른 뜻인가요?

A. 비슷한 뜻인데 'smell'이 조금 더 광범위한 '냄새'라는 뜻이고 'scent'는 '향'에 가깝습니다. 특정 냄새를 꼭 집어서 말할 때는 'scent'가 더 적절합니다. 향수처럼 향기로운 냄새는 'fragrance'라 고 표현할 수 있고 타는 냄새 같은 악취는 'odor'라고 합니다.

Day 3

• 아라로 시작해서 아라로 끝나는 거 같은데요?

It looks like your day starts and ends with Ara.

'it looks like'는 '~처럼 보인다', '그거 ~같은데', '약간 그래 보이는데'라는 뜻으로, '너의 하루가 아라로 시작해서 아라로 끝나는 거 같은데요?'라는 뜻입니다.

🇺🇸 진짜 미국식 표현이 궁금해요!

Q. '식탐이 많다'는 영어로 뭐라고 하나요?

A. '정말 많이 먹는 경우에는 'He has a big stomach', 'She has a big appetite'와 같이 '그 사람은 먹는 양이 많다'라는 뜻을 가진 표현을 쓸 수 있습니다. 반대로 많이 먹지도 못하면서 마음만 앞서는 경우 'My eyes are bigger than my stomach'라고 하는데요. 직역하면 '눈이 위보다 크다'라는 것인데 생각보다 많이 먹지 못할 것 같을 때 쓰는 표현입니다.

Day 4

• 워낙 두 사람 다 워커홀릭(일 중독)이에요.

We're both such workaholics.

'both'는 두 사람이 있을 때 '우리 둘 다'라는 뜻으로 두 명 이외의 다른 수에는 'both'를 쓰지 않아요. 'workaholic'은 '일 중독'이라는 뜻으로 '일을 많이 하는 사람'이라는 의미입니다.

• 어떻게 사는지 일상을 들여다봤어요.

We've seen what goes on in your personal life.

'좀 전에', '이미 ~을 다 봤다'를 영어로 하면 'we have seen~'입니다. 'what goes on'은 '어떤 일이 벌어지고 있나'라는 뜻이고 '사생활'은 'personal life'라고 해요.

Day 5

• 아직까지 귀에 맴돌아요.

I can't get it out of my head.

귀에 맴돈다는 것은 그 생각을 떨쳐낼 수 없다는 의미죠. 'I can't'는 '할 수 없다'는 뜻으로 'get it out of my head'라고 하면 '내 머릿속에서 생각을 떨쳐 낸다'는 의미입니다.

• 가사 때문에 제가 좋아하는 곡이에요.

It's my favorite because of the lyrics.

'무엇 때문에'라는 표현은 'because of + 무엇'이라고 말하면 됩니다. 'because of the lyrics'는 '가사 때문에', '가사가 좋아서', '가사가 이유다'라는 뜻이에요.

Day 6

• 다시 듣고 싶어질 것 같아요.

I can't wait to listen to it on repeat!

해석하면 '빨리 반복해서 듣고 싶어요'입니다. 'I can't wait'는 '기다릴 수가 없어' 또는 '정말 기대된다', '빨리 기다리는 일이 일어났으면'을 뜻하고, 'on repeat'는 반복해서 재생하다 라는 의미예요.

• 아무래도 곧 두 분을 다시 만날 것 같네요.

Something tells me that I'll see you two on my show again soon.

'something tells me'는 '아무래도 이런 일이 곧 생길 것 같다'라는 뜻입니다.

🇺🇸 진짜 미국식 표현이 궁금해요!

Q. 외국 웹사이트에서 대문자로 'GOAT'라는 표현을 많이 봤는데 이게 염소랑 무슨 관계인가요?

A. 'GOAT'는 'Greatest Of All Time'의 약자로 '역대 최고'라는 뜻입니다. 본문의 'This is one of the biggest games in history'를 'That game is GOAT'라고도 할 수 있겠죠.

Epilogue

몹시 기대되는 신인 김리오,
리사쇼에서 부른 미발표곡 '널 데리러 가' 너튜뷰 천만 뷰 돌파

신인 가수 김리오에 대한 관심이 뜨겁다. 최근 인기의 상징과도 같은 리사쇼에 그가 출연한 에피소드가 높은 시청률을 기록하며 미발표곡 '널 데리러 가'의 영상이 3일 만에 너튜부 조회 수 천만을 돌파하며 세계적인 주목을 받고 있다. 인기를 반영하듯 최근 발매한 김리오의 첫 정규 앨범 'Fly'도 빌보드 앨범 차트에서 좋은 성적을 거두며 저력을 과시하고 있다.

기사가 쏟아졌다. 아라의 작사가 데뷔를 축하하며 집에서는 조촐한 파티가 열렸다.

 아라   엄마 지금 우는 거야 설마?

 아라 엄마   오래 살고 볼 일이다. 아라야….
              네가 원래도 효녀긴 했지… 엄마가 미안해… 그렇게 좋아하는 음악
              맘껏 시켜 주지도 못하고.

 아라   아 놔 엄마. 뭐 그런 걸로 울어. 이렇게 좋은 날~ 이거면 됐어.

아라 앞에는 치킨집 종류별 3가지 종류의 치킨과 다양한 음식이 주르륵 놓여 있었다.

 아라   자아 시작해 볼까!!!

308

띵동~ 그때 초인종이 울렸다.

 아라 **누구지?**

아라 엄마가 문을 열자 시호가 들어섰다.

 아라 엄마 **어서 와, 어서 와!!**

 아라 **어? 대표님 어쩐 일이야?**

 아라 엄마 **내가 불렀지~~**
이게 다 시호 덕인데 시호 없이 파티가 되겠니~?

 시호 **저도 껴주셔서 감사해요!**

 아라 아빠 **시호 왔구나!! 어서 와라.**

 시호 **잘 지내셨어요?**

 아라 아빠 **아이고 우리 시호 나날이 멋있어지네.**
아라야, 좀 늦으면 못 잡는다. 빨리 잡아라.

 아라 엄마 **그래. 너네가 어렸을 때 엄마 아빠 놀이할 때부터 우리는….**

 아라 **엄마!!**

 시호 **하하하! 저 좋게 봐주는 사람은 두 분밖에 없어요. 역시!**

 아라 **어서 먹자 먹어!**

식사가 끝나고 아라와 시호는 집 앞 공원 산책에 나섰다.

 시호 **요즘 '널 데리러 가' 가사 좋다고 난리 났던데?**

아라 아니 이게 무슨 일이야 증말?

 시호 언젠간 너 잘 될 줄 알았어… 생각보다 늦어져서 마음이 아팠는데.
잘됐다.

 아라 아직 뭐 잘 됐다고 하긴 이르지만~!
그래도 고마워.

 시호 리오랑은?

 아라 응? 뭐…?

 시호 그날 대기실에서….

 아라 아~ 아. 그거~ 아무것도 아니야.
뭐 묻어서 닦아 주고 있던 건데 타이밍이 참.

 시호 아… 다행이다.

시호는 자기도 모르게 그 말을 내뱉어 버렸다. 아라와 시호는 늘 서로에게 일정한 거리를
둔 채 서로의 인공위성처럼 지내 왔다. 멀어지지도 가까워지지도 않은 채. 시호의 한
마디로 인해 그동안 팽팽하게 지켜져 왔던 원의 테두리가 무너졌다. 정적이 감돌았다.

 시호 …참 우리 회사 싱어송라이터 한 명 더 뽑는 건 어떨까?

 아라 하긴 이제 슬슬 회사를 키워야 할 타이밍이지.

 시호 그래서 말인데 아라야.
우리 회사에서 데뷔 할래?

 아라 뭐? 나?

시호   **생각 충분히 해보고 얘기해 줘.**
         나 기다리는 거 잘해.
         늘 기다리고 있었고 또… 기다릴게.
         간다!

아라는 시호가 점이 되어 사라질 때까지 바라보았다.
리오, 시호 그리고 갑작스럽게 움직이는 인생의 큐브들이 아라를 혼란스럽게 했다.

한편 리오는 농담이의 배를 쓰다듬으며 아라와 그동안 주고받은 문자를 바라보고 있다.
리오가 '리사쇼' 리허설이 끝나고 보낸 메시지 이후에 대화는 끊겨 있었다. 리오는 그
대화창을 버릇처럼 들여다 보았다.
'리사쇼' 이후 리오와 아라의 관계를 포착하겠다는 기자들이 사무실 주위를 서성였죠.
그래서 아라는 당분간 재택근무를 하기로 했고 둘은 '리사쇼' 이후 한번도 만나지
못했다.
리오가 잠자리에 누워 핸드폰을 끄기 전 어김없이 아라와의 대화를 바라보고 있었다.
"잘지내?" 썼다 지웠다 할 때 '윙-' 리오의 핸드폰이 울렸다.

  From. 아라

> Hi,
> 나야 잘 지내고 있어?
> 업데이트할 이슈 두 가지가 있어.
>
> 첫 번째
> 나 데뷔할지도 모르겠어.
> 그토록 바라왔던 일인데… 조금 두렵기도 해.
> 그래도 나 이아라니까.
> 막 될대로 되라! 이렇게 해낼 수 있겠지?

 **From. 아라**

두 번째
혹시 농담이 옆에 있어? 이건 좀
놀랄 수도 있으니까 너만 봐. (속닥속닥)

도그쉼 보호소 50호 농담이 고향 맞지?
스토커냐고(웃음)?

사실 도그쉼 보호소에서 봉사한 지 좀 됐거든.
예뻐하던 50호가 입양되었다고 들었을 때 참 기뻤는데
오십이가 농담이랑 동일 견이라는 사실을 안 건 얼마 안 되었어.
근데 바로 말을 못했어.
'성질 급한 내가 왜 그랬을까?' 나도 한참 생각했어.

"너무 아는 척하고 싶으면 모른 척 하게 돼"
영화 '아저씨' 대사 기억나지?
내가 유난히 예뻐하던 50호를 입양한 사람이
너라는 사실을 알았을 때 엄청 신기했는데
이상하게 그 얘기를 너한테 못하겠더라고.
우리 처음 만났을 때부터 자꾸만 얽히던
수많은 점의 순간이 선이라는 마음으로 이어질 것 같아서…
겁이 났어.

그나저나 50호한테 꼭 하고 싶은 말이 있었는데
좀 전해 줄래?

좋은 주인과 힘께
오래오래 행복했으면 좋겠다고.
그리고 나도 그 좋은 사람 옆에 있고 싶다고….
하지만 이제 막 맞춰지기 시작한 서로의 큐브를 맞추는 일에
각자 최선을 다해야 할 때인 것 같아
애써 마음을 삼키고 있다고….

너무너무 길어서 전해 주기 전에 까먹을 것 같다 그치(웃음)?

그냥…
너희 산책할 때 가끔 나 좀 껴줘!
(이건 꼭 전해 주길.)

그럼 이만.

리오의 입가에 미소가 살포시 떠오른다.

 리오   **역시 이아라…**
        못 이기겠다… 더 보고 싶잖아.

리오는 이어팟을 꼈다.
오디션에서 아라를 만나기 전부터 들어왔던
가이드 버전의 아라 목소리가 나지막히 흘러나온다.

Delivery

빨리 갈게
보고 싶은 마음이 조금도 식지 않게
Yeah Yeah 에라 모르겠다
꼬여버린 하루 끝 서로가 필요할 때
누구보다 빨리 너에게 갈게 boy

Knock Knock Knoc
문을 연 순간
One 눈을 맞추고 Two 안아주고
Three I'm gonna kiss you
Twinking moment

서로의 손끝이
닿을 때 우린 안심해
단 하나의 포장도 없이
나 너에게 귀 기울이네 Yeah
Ma favorite flavor is you

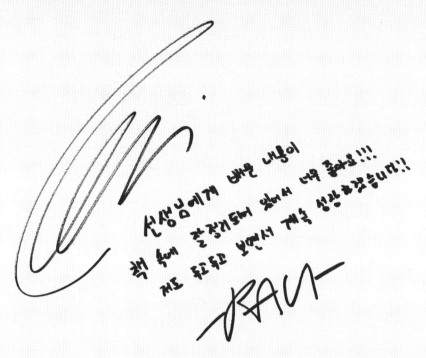

선생님에게 배운 내용이
책 속에 즐겁게되어 있어서 너무 좋아요!!!
저도 두고두고 보면서 계속 성장하겠습니다!!

RAVI~

• 라비(RAVI) 가수, GROOVL1N 대표 •

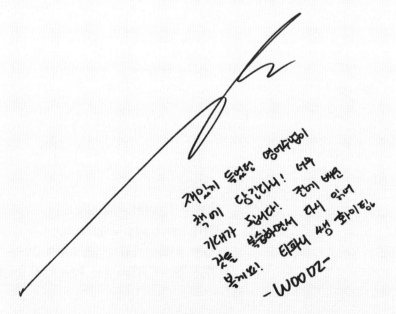

재밌게 들었던 영어수업이
책에 담겼다니! 너무
기대가 됩니다! 전에 배운
것들 복습하면서 다시 읽어
볼게요! 타파서 쌤 화이팅♡

-WOODZ-

• WOODZ(조승연) 가수 •

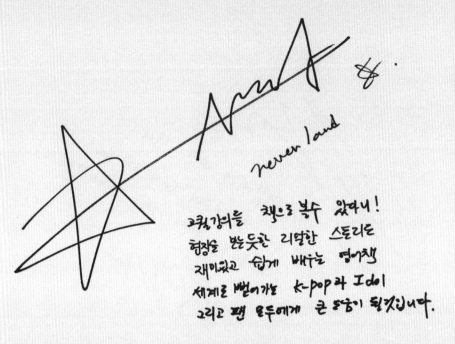

never land

그 뒤 강의를 책으로 볼수 있다니!
현장을 받는듯한 리얼한 스토리도
재미있고 쉽게 배우는 영어책
세계로 뻗어가는 k-pop과 Idol
그리고 팬 모두에게 큰 응이 될것입니다.

· 김세진 작곡가, 프로듀서 ·

Jin

드디어..드디어 나오는 군요..!!
어려운 영기를 이렇게 만화와 함께
쉽게 배울 수 있으니 당장 구매양입니다..
많은 분들께 도움이 되는 책이 될것같아요♥

· 송유진 가수 ·

수업시간에 배운게 나온다니... 너무 설레요 ㅎㅎ

이책 보고 영어레슨 시간 떠 영어가 늘어 스티커 1등이 될게요!!

엄청난 귀여와 미뫼 소유자! 티파니 선생님♡ 베스트셀러 기원··

티파니쌤 수업이 너무 재미있어서 시간이 훌쩍 ㅠㅠ♡
오늘따라 양이 세고싶네요~
티파니쌤 수업시간 때 노래부르고 연극하고 다양한 활동
하면서 확기애애한 분위기에서 수업하다보니 매일 레슨
시간이 기다려지기도 하고 시간도 빨리갔는데 책이 나온
다니 설레기도 하네요! 우리 티파니 쌤 우리 잘 챙겨주고
사랑합니다 (♡)

─With us 연습생 일동~

• 위드어스(With US) 엔터테인먼트 연습생 일동 •